인류를 이끌어 온 고전의 향기를 맡는다

나의•고전•읽기

철학, 사상, 사회학, 과학 등 다양한 분야의 동서양 고전을 전문 연구자들의
조직적인 원문 발췌와 현재적 의미를 되살리는 개성적인 해제를 통해 만납니다.
나의 고전 읽기는 흥미진진한 고전 여행의 길잡이가 되어 줄 것입니다.

* **바다를 품은 책** 자산어보　손택수 지음 | 정약전 원저
* **우리 고대로 가는 길** 삼국유사　이경덕 지음 | 일연 원저
* **인간을 위한 약속** 사회계약론　김성은 지음 | 장 자크 루소 원저
* **진리의 꽃다발** 법구경　장철문 지음
* **지금 우리가 누리는 자유** 통치론　박치현 지음 | 존 로크 원저
* **생각하는 나의 발견** 방법서설　김은주 지음 | 르네 데카르트 원저
* **삶으로서의 철학** 소크라테스의 변론　나종석 지음 | 플라톤 원저
* **28자로 이룬 문자혁명** 훈민정음　김슬옹 지음 | 세종 외 원저
* **세상과 소통하는 힘** 주역　심의용 지음
* **새로운 공동체를 향한 운동** 공산주의 선언
　박찬종 지음 | 칼 마르크스 · 프리드리히 엥겔스 원저
* **인류의 영원한 고전** 신약성서　정승우 지음
* **조선 최고의 예술** 판소리　정출헌 지음
* **미래를 창조하는 나** 차라투스트라는 이렇게 말했다
　이수영 지음 | 프리드리히 니체 원저
* **세계와 인간을 탐구한 서사시** 오뒷세이아　강대진 지음 | 호메로스 원저
* **이성의 운명에 대한 고백** 순수 이성 비판　김상현 지음 | 임마누엘 칸트 원저
* **생명의 비밀을 밝힌 기록** 이중 나선　이한음 지음 | 제임스 왓슨 원저
* **근대인의 탄생** 프로테스탄티즘의 윤리와 자본주의 정신
　김성은 지음 | 막스 베버 원저
* **살기 좋은 세상을 향한 꿈** 맹자　김태완 지음
* **옛사람들의 세상 읽기** 그리스 신화　강대진 지음
* **과학에 대한 새로운 관점** 과학혁명의 구조　김동광 지음 | 토머스 쿤 원저
* **무하유지향에서 들려오는 메아리** 장자　김시천 지음
* **마키아벨리를 위한 변명** 군주론　조한욱 지음 | 니콜로 마키아벨리 원저

28자로 이룬 문자혁명

훈민정음

28자로 이룬 문자혁명

훈민정음

김슬옹 지음
세종 외 원저

Mirae **N** 아이세움

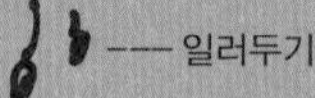 ——— 일러두기

1. 본문에서 인용한 『훈민정음 해례본』은 한글학회에서 번역한 책을 중심으로 기존의 여러 번역본들을 참조하였다.
2. 인용문 중 원문이 한문인 경우는 독자들의 편의를 위해 글쓴이가 한글을 병기하기도 했다(『서포만필』 등).
3. 의미 파악이 모호한 부분은 독자들의 이해를 돕기 위해 여러 자료를 참조하여 다듬어 인용하였으며 원문 인용 속의 괄호 내용은 글쓴이 주이다.

나는 왜 훈민정음에 매혹되었나

문자 이름이기도 하고 그 문자를 해설한 책 이름이기도 한 '훈민정음'은 실제로는 '언문'이란 이름으로 주로 쓰이다가 근대 이후에 '한글'이란 이름으로 불렸다. 해방 이후에는 안타까운 분단으로 북녘에서는 '한글'이란 말은 쓰이지 않고 '조선글'이라 불린다. 이제 각각의 명칭은 나름대로 역사의 흔적을 간직한 채 우리의 역사와 삶의 주요 부분을 차지하고 있다.

'훈민정음'에 대한 지은이의 관심은 '한글'에 대한 관심에서 비롯되었다. 한글이 과학적이고 우수하다고 하면서 왜 한자에 의존한 글자살이(국한문 혼용체)를 해야 하는가에 대한 의문에서 출발했다. 학사 학위논문도 「입말투 글말(구어체 한글)의 전통과 뜻—한글문화의 해적이스런 뜻(역사적 의미)」으로 썼다. 이 논문은 훈민정음의 정신을 살린 문체가 주로 피지배층에 의해 발전되어 온 측면을 조명한 것이다. 역사의 도도한 흐름을 나름대로 정리하고 몹시 흥분했던 기억이 지금도 생생하다. 장래가 불투명하고 여러 가지로 어지러웠던 대학 4학년 막바지였지만 이 논문으로 모든 우울이 싹 가셨던 아름다운 추억이었다.

그 뒤 우여곡절 끝에 다시 훈민정음 연구에 매달려, 「『조선왕조실록』의 한글(훈민정음, 언문) 관련 기사를 통해 본 문자생활 연구」로 박사 학위를 받았다. 공교롭게도 이 논문은 훈민정음이 피지배층보다는 주로 지배층에 의해 실질적인 발전이 이루어져 온 점을 밝힌 것이다. 그렇다고 피지배층에 의한 발전을 부정한 건 아니다. 지배층이 훈민정음을 배척했다는 통념 아래 가려진 또 다른 역사의 진실을 밝힌 것이다.

이제 '훈민정음'이 한국인만의 문자가 아닌 세상이 되었다. 훈민정음이나 그 문자를 해설한 책이 모두 세계가 주목하는 세상이 되었기 때문이다. 한글 민족주의가 아니라 훈민정음 보편주의가 필요한 누리가 펼쳐진 것이다. 이럴수록 더욱 흥분이 되는 것은 배달겨레로서, 한국인으로서 당연한지도 모른다.

그렇지만 이제는 차분해질 필요가 있다. 존 맨은 "훈민정음은 모든 알파벳이 꿈꿀 수 있는 최고의 알파벳."이라고 하지 않았던가. 그 꿈을 우리만 독차지하는 건 지나친 욕심이다. 따라서 훈민정음의 탄생 배경과 동기부터 그 역사의 흐름까지를 차분하게 짚어 보려고 노력했다. 처음에는 『훈민정음 해례본』이 '서울대 고전 200선'에도 끼지 못한 현실이 안타까워 책을 소개하고 해설하는 데 힘을 쏟았지만, 그 뒤 방향을 틀어 문자를 둘러싼 거대한 맥락을 파헤치는 데 주력했다. 물론 많은 학자들이 오랜 세월 이리저리 연구한 텃밭이 있어 가능했다. 이 책은 훈민정음을 만들고 지켜 온 선인들, 수많은 연구, 운동이 있었기에 가능했다. 특히 훈민정음 연구에 매진할 수 있도록 길을 일러 주신 최기호 교수님께 감사 드린다.

세종은 마흔일곱 살에 훈민정음을 창제했다. 올해 마흔일곱 살의 늦깎이 연구자로서 훈민정음에 대해 주제넘게 수다를 떤 셈이 되었다. 세종으로 하여금 훈민정음을 창제하게 한, 역사 기록에 남지 않은 수많은 이들에게 이 책을 바친다. 또한 수많은 선행 연구자들과, 『조선왕조실록』을 번역하신 분들의 노고가 없었다면 감히 이 작업에 덤벼들지도 못했을 것이다.

이 책은 철저히 교육 차원에서 집필되었다. 주요 부분은 학술 논문으로 발표한 것(참고 문헌 참조)을 청소년용으로 풀어썼다. 풀어쓰는 과정에서 예비 선생님들인 목원대학교 국어교육과, 상명대학교 국어교육과, 춘천교대, 공주교대, 한국교원대, 한국싸이버대학교 교육학과, 부천가톨릭대학교 독서교육 대학원생들과의 빛나는 토론이 없었다면 이 책은 이루어지지 못했을 것이다. 학생들의 이름 대신 교육에 대한 그들의 소중한 소망을 기린다. 섬세하게 다듬어 주신 한글학회의 성기지 선생님과 신연희 선생님의 손길이 큰 도움이 되었다.

'아이세움'에서 청소년 고전 시리즈를 펴내면서 '훈민정음'을 첫째 권으로 펴내고 싶어 했다. 그 얘기를 듣고 눈물이 났다. 숱한 고

전 목록에서조차 빠져 있는 책을 제일 먼저 내고 싶어 하다니. 지은

이의 게으름으로 출판사와의 약속을 지키지 못했다. 참고 기다려 준

아이세움이 이 책으로 하여 '훈민정음세움', '한글세움', '천지자연

이치세움'으로 고전에 대한 열정을 세웠으면 한다.

김슬옹

차 례

『훈민정음 해례본』은 어떤 책인가

프롤로그 ─『훈민정음 해례본』은 어떤 책인가

'훈민정음'은 15세기에 세종이 만든 문자 이름이자, 세종과 여러 신하가 그 문자를 해설하고 의미를 부여한 책 이름이기도 하다. 문자 이름이 문자를 만든 동기와 목적을 모두 담았기에 책 이름으로도 삼은 듯하다. 하지만 문자 이름으로는 거의 사용되지 않았고, 대신 일반 백성들이 사용하는 글자라 하여 '언문'이라 불렀다. 일부에서는 '언문'을 낮춤말로 사용하기도 하다가 근대 이후 '한글'이란 새로운 이름이 생겼다.

국보 70호이고 1997년 세계문화유산으로 지정된 이 책은, 기본 핵심은 세종이 쓰고, 해설 부분은 정인지, 최항, 박팽년, 신숙주, 성삼문, 강희안, 이개, 이선로 등 여덟 학자가 세종과의 공동 연구를 통해 자세히 풀어 완성했다. 곧 이 책은 문자 이름으로서의 '훈민정음'과 구별하기 위해 세종이 직접 쓴 '예의'라 부르는 '본문'과, 신하들이 풀어쓴 '해례'로 이루어졌다. 그래서 이 책을 '훈민정음 해례본'이라 부른다.

이 책은 그 당시 공용 문자인 한자로 쓰여 있으므로 한문본이며,

원본과 똑같은 방식으로 제본한 한글학회 영인본.

나무에 새겨 인쇄했으므로 목판본이다. 목판본은 단단한 나무판에 원고를 뒤집어 붙인 뒤, 글자를 제외한 나머지 바탕을 파내는 돋을새김 방법으로 새겨, 그 위에 먹물을 묻히고 종이를 덮어 문질러서 찍어 냈다. 원고의 글씨는 세종의 셋째 아들인 안평대군 이용이 썼다고 한다.

『훈민정음 해례본』은 1책 33장으로, 표지가 2장이고, 가로 16.9cm, 세로 22.9cm이다. '예의' 부분은 쪽마다 7행에 매행 11자이고, '해례' 부분은 쪽마다 8행에 매행 13자이며, '정인지 서문'은 한 글자를 내려 적고 있다. 이처럼 '예의'와 '해례' 사이에 자수 차이가 나는 것은, 임금이 작성한 '예의'는 글자의 크기를 크게 하고 신하들이 작성한 '해례'는 임금을 공경한다는 차원에서 글자의 크기를 작게 했기 때문이다.

『훈민정음 해례본』에는 이전 문헌과는 달리 처음으로 구두점에 해당하는 문장부호가 사용되었다. 글자의 오른쪽 밑에 찍은 점은 지금의 마침표에 해당하며, 글자의 아래쪽 가운데에 찍은 점은 지금의 쉼표에 해당한다. 그리고 우리가 『훈민정음 해례본』을 쉽게 볼 수

28자로 이룬 문자혁명 훈민정음

있는 것은 다양한 영인본이 있기 때문이다. 영인본은 크게 두 가지가 있다. 원본을 그대로 사진으로 찍은 모사본과, 글자만 깨끗하게 그대로 살린 복원본이 그것이다.

참고로, 『훈민정음 해례본』은 다음과 같은 구조로 되어 있다.

집필자	구성		내용	『조선왕조실록』
세종	정음 (본문)	세종 서문	훈민정음의 창제 동기와 취지	재수록
		예의	1. 새 문자 28자의 예와 분류 2. 글자 부려 쓰기: 종성 글자 처리법, 순경음 만드는 법, 병서법, 부서법(초성과 중성의 표기 방법) 3. 성음법: 음절을 이루는 법 4. 방점(점찍기)과 성조: 음의 높낮이(성조) 표시법	
정인지·최항·박팽년·신숙주·성삼문·강희안·이개·이선로	정음 해례	해례	1. 제자해: 글자를 만드는 원리와 기준 설명 2. 초성해: 초성의 사용 예 3. 중성해: 중성의 규정과 이중모음 설명 4. 종성해: 종성의 본질과 '8종성가족용' 설명 5. 합자해: 초·중·종성을 합쳐 글자 만드는 법을 설명 6. 용자례: 94개의 실제 낱말을 예로 들어 설명	실리지 않음
정인지		정인지 서문	훈민정음 창제의 취지, 경위, 의의, 가치 등을 설명	재수록

이 책은 다음과 같은 치밀한 다층 짜임새로 되어 있다.

집필자	4원 구조	3원 구조	확대 순환 2원 구조
임금	세종 서문(어제)	머리말	X
	본문(예의)	문자 예와 설명	Y
신하	해례(예의 풀이)		Y′
	정인지 서문	꼬리말	X′

• • •
『훈민정음 해례본』의 과학적인 다층 구조.

『훈민정음 해례본』은 새 문자 해설서이니만큼 간결하고 쉬운 문체로 되어 있다. 그러면서도 당시 최고의 철학을 담고 있어, 일반 독자들이 소화해 내기에는 어려운 곳이 꽤 많다. 그렇지만 가장 중요한 아래아(·)를 총알에 비유하는 등, 감칠맛 나는 비유는 문학작품 뺨 칠 정도이고, 주요 내용을 장마다 노랫가락으로 정리한 부분에 이르러서는 랩을 연상시킨다.

天천地지之지化화本본一일氣기니

陰음陽양五오行행相상始시終종이요

物물於어兩양間간有유形형聲성이니

元원本본無무二이理리數수通통이라

正정音음制제字자尚상其기象상하되

因인聲성之지厲려每매加가畫획하니

    28자로 이룬 문자혁명 훈민정음

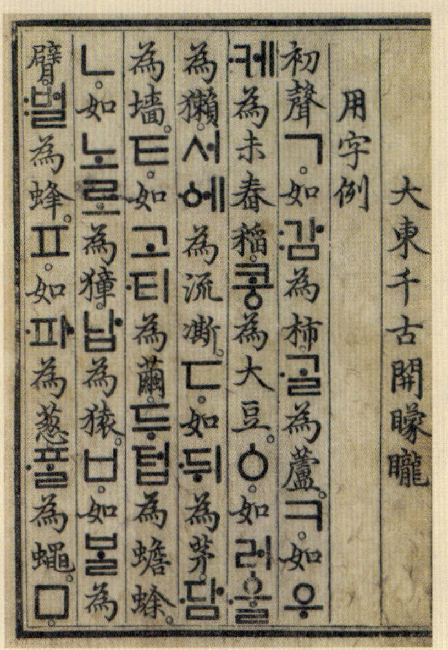

大東千古開矇矓

用字例

初聲ㄱ。如·감爲柿。ㄱ。如우
ㅋ爲未舂稻。콩爲大豆。ㆁ。如러울
爲獺。서에爲流凘。ㄷ。如·뒤爲茅。담
爲墻。ㅌ。如고티爲繭。두텁爲蟾蜍。
ㄴ。如노로爲獐。납爲猿。ㅂ。如불
爲臂。·벌爲蜂。ㅍ。如·파爲蔥。·풀爲蠅。ㅁ

1940년 경북 안동에서 발견된 『훈민정음 해례본』 원본은 간송 전형필에 의해 세상에 공개되었다. 발견 당시 첫 두 장이 찢겨 있었다.

音음出출牙아舌설脣순齒치喉후하니

是시爲위初초聲성字자十십七칠이라

하늘과 땅의 조화는 본디 하나의 기운이니,

음양과 오행이 서로 처음과 끝이로다.

만물이 하늘과 땅 사이에서 꼴과 소리 있으되,

근본은 둘이 아니니 이치와 수로 통하도다.

정음의 글자 만듦에 모양 본뜨기를 존중하되

소리의 세기에 따라 획을 더하였다.

소리는 어금니, 혀, 입술, 이, 목구멍에서 나니,

이것이 첫소리 열일곱 글자이다.

— 제자해 노래 갈무리

비록 한문으로 되어 있지만 온 백성을 염두에 둔 집필이라 아니할 수 없다. 결국 이 책에는 쉬움과 어려움, 경쾌함과 심오함이 종횡무진 녹아 있다. 그렇다면 우리들은 각자의 눈높이에서 때로는 경쾌하게, 때로는 진지하게 읽어 낼 필요가 있다.

이 책의 완성과 출간 날짜는 남북의 한글 기념일과 관련이 있다.

구분	관련 기록과 날짜 (달별 기록만 있음)		환산 날짜 (양력)	남북 한글 기념일
문자 창제	조선왕조 실록 기록	"이달에 임금께서 친히 언문 28자를 창제하셨다." - 계해년 1443년 12월 30일	1444년 1월 15일 (음력 1443년 12월 중순 기준)	북한 훈민정음 기념일
해설 책 펴냄		"이달에 훈민정음(책)이 이루어지다." - 정통 11년 9월 29일(1446년 음력 9월 29일)	1446년 10월 9일(음력 1446년 9월 10일 기준)	남한 한글날 (국경일)
	훈민정음 (해례본) 책 기록	"정통 11년 9월 상한에 정인지 삼가 적다." 1446년 음력 9월 1일 ~10일		

•••
창제일과 간행일의 구별 및 기념일.

『훈민정음 해례본』은 일제 강점 말기인 1940년 경상북도 안동에서 극적으로 발견되어 간송 전형필 선생에 의해 잘 보존되어 오늘날까지 전해 온다. 하지만 이 책이 완전한 원본은 아니다. 첫 두 장이 찢어진 채 발견되었기 때문이다. 다행히 없어진 부분과 똑같은 내용이 실록에 실려 있어 복원이 가능했다.

이 책을 처음으로 세상에 드러낸 이는 한학에 밝고 신학문도 공부했던 이용준이다. 다만 이 책을 어디서 발견했느냐는 두 가지 설이 맞서 있다. 하나는 자신의 진성 이씨 집안(경북 안동시 와룡면 주하리 이한걸 집안 회양당 소장)에서 발견했다는 것이고, 또 하나는 처가(경북 안동시 와룡면 가야리 광산 김씨 긍구당가 김응수 소장)에서 발견했다는 것이다. 이용준은 이 책을 전형필에게 넘긴 뒤 월북하여 관련 기록을 알 수 없고 이 책을 사들인 전형필도 직접 관련 기록을 남기지 않아 정확히 어디서 발견되었는지는 역사의 미스터리로 남아 있다.

1. 문자의 새벽

문자혁명은 하루아침에 이루어지지 않았다

날이 갈수록
빛을 발하는 문자

　　　　마치 과거의 사건을 생중계하듯이, 왕을 중심으로 한 사건을 낱낱이 기록한 책 『조선왕조실록』. 이 책은 1443년에 세종이 새 문자 '훈민정음'을 만들었다고 알렸고, 1446년에 이 문자의 해설서인, 같은 이름의 책이 완성되었음을 기록하고 있다. 세종은 훈민정음을 왜 만들었을까? 정보화 시대에 더욱 빛을 발하고 있는 한글이기에 세종이 어떤 동기와 배경을 가지고 만들었을까가 더욱 궁금해진다. 훈민정음은 그 시대의 문제를 해결하기 위한 문자였을 뿐만 아니라, 시대를 뛰어넘는 더욱 중요한 문자로 자리매김되고 있기 때문이다. 그래서인지 훈민정음을 아는 외국 전문가들은 최고의 찬사를 퍼붓고 있다. 영국의 역사학자 존 맨John Man이 "모든 언어가 꿈꾸는 최고의 알파벳"이라고 한 찬사는 그 중 으뜸이다. 시대를 뛰어넘는 문자, 그 문자가 태어나기까지 도대체 무슨 일이 있었던 걸까.

훈민정음은 언어학자이자 여러 학문에 능통했던 세종이 만든 문자이다. 세종은 절대 군주였지만 절대 권력을 휘두르지는 않았다. 그렇다고 힘을 거부하지도 않았다. 그 시대에 최대한 합리적인 판단과 선택을 할 줄 알았고, 권력을 적절하게 배치하고 활용할 줄 알았다. 그렇다면 훈민정음을 만든 핵심 동기와 목적을 그가 밝힌 대로 이해하는 게 옳지 싶다. 그가 지은 새 문자의 이름과 서문을 읽어 보자.

훈민정음

우리나라의 말소리가 중국과 달라 한자로는 서로 통하지 아니한다. 이런 까닭으로 글을 모르는 백성들이 말하고자 하는 바가 있어도 마침내 제 뜻을 펴지 못하는 사람이 많다. 내가 이것을 가엾게 여겨 새로 스물여덟 글자를 만드니, 사람마다 쉬이 익혀서 날마다 쓰는 데 편하게 하고자 할 따름이니라.

國국之지語어音음이 異이乎호中중國국하야 與여文문字자로 不불相상流유通통할새 故고로 愚우民민이 有유所소欲욕言언하여도 而이終종不부得득伸신其기情정者자 多다矣의라 予여 爲위此차憫민然연하야 新신制제二이十십八팔字자하노니 欲욕使사人인人인으로 易이習습하야 便편於어日일用용耳이니라.

『훈민정음 해례본』 서문

訓民正音
國之語音異乎中國與文字
不相流通故愚民有所欲言
而終不得伸其情者多矣予
為此憫然新制二十八字欲
使人人易習便於日用耳

ㄱ 牙音。如君字初發聲
並書。如虯字初發聲
ㅋ 牙音。如快字初發聲
ㆁ 牙音。如業字初發聲
ㄷ 舌音。如斗字初發聲
並書。如覃字初發聲
ㅌ 舌音。如吞字初發聲
ㄴ 舌音。如那字初發聲

ㅂ 脣音。如彆字初發聲
並書。如步字初發聲
ㅍ 脣音。如漂字初發聲
ㅁ 脣音。如彌字初發聲
ㅈ 齒音。如卽字初發聲
並書。如慈字初發聲
ㅊ 齒音。如侵字初發聲
ㅅ 齒音。如戌字初發聲
並書。如邪字初發聲
ㆆ 喉音。如挹字初發聲
ㅎ 喉音。如虛字初發聲
並書。如洪字初發聲
ㅇ 喉音。如欲字初發聲
ㄹ 半舌音。如閭字初發聲

△ 半齒音。如穰字初發聲
• 如吞字中聲
ㅡ 如卽字中聲
ㅣ 如侵字中聲
ㅗ 如洪字中聲
ㅏ 如覃字中聲
ㅓ 如業字中聲
ㅛ 如欲字中聲
ㅑ 如穰字中聲
ㅠ 如戌字中聲
ㅕ 如彆字中聲
終聲復用初聲。〇連書脣音
之下則為脣輕音。初聲合用

『훈민정음 해례본』 첫째 장 복원본(사진1)
『훈민정음 해례본』 둘째 장 복원본(사진2)
『훈민정음 해례본』 셋째 장 교정본(사진3)
『훈민정음 해례본』 셋째 장 사진본(사진4)

『훈민정음』은 글자를 나무에 새겨 찍어낸 목판본으로 제작되었다. 정교한 활자본이 아닌 목판본으로 찍어낸 것은 빠른 시간에 많은 책을 펴내기 위해서였을 것이다.

이 책은 발견 당시 두 장, 총 네 쪽(사진 1, 2)이 찢겨 있었다. 세종의 서문과 스물여덟 자가 모두 보이는 네 쪽 사진 가운데 사진 1, 사진 2는 원본과 같게 복원한 것이고, 사진 3은 지저분하게 보이는 원본 사진 4를 다듬어 복원한 것이다.

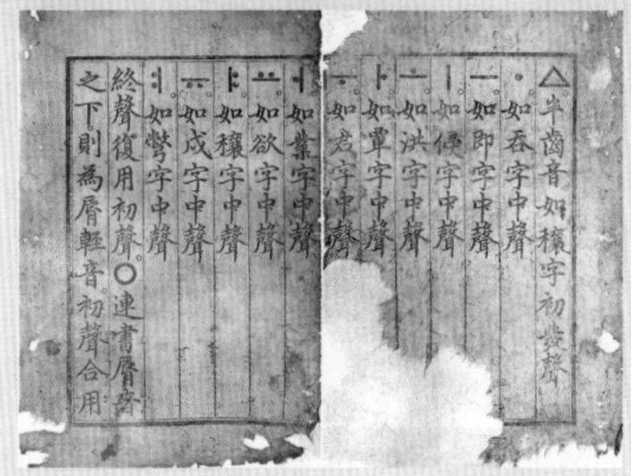

△ 半齒音。如穰字初發聲
• 如吞字中聲
ㅡ 如卽字中聲
ㅣ 如侵字中聲
ㅗ 如洪字中聲
ㅏ 如覃字中聲
ㅓ 如業字中聲
ㅛ 如欲字中聲
ㅑ 如穰字中聲
ㅠ 如戌字中聲
ㅕ 如彆字中聲
終聲復用初聲。〇連書脣音
之下則為脣輕音。初聲合用

세종의 서문은 새 문자를 해설한 『훈민정음 해례본』이란 책의 첫머리 핵심 부분이다. 이는 책의 머리말 구실도 하고 있어 짜임새 면에서도 중요한 역할을 한다. 한자로는 쉰넉 자인데 그 안에 꼭 필요한 애기를 완벽하게 담은 명문이기도 하다. 그 내용은 크게 네 가지로 추려 볼 수 있다.

(1) 우리나라 말은 중국 말과 달라 한자로는 제대로 적을 수가 없다.

(2) 더군다나 이러한 한자로는 우매한 백성들이 하고 싶은 말을 제대로 표현하지 못해 더욱 딱하게 여겼다.

(3) 그래서 새 문자 스물여덟 자를 만들었다.

(4) 따라서 양반이건 하층민이건 누구든 이 문자를 쉽게 익혀 날마다 편하게 사용하면 된다.

무척 간결하고 짜임새가 있다. 이대로 이해한다면 동기와 목적은 언어 문화 측면과 정치 사회 측면으로 갈라 볼 수 있다.

언어 문화 동기는 우리의 입말과 중국의 글말이 다르므로 조선말에 맞는 글자가 필요하다는 것이다. 따라서 조선말에 맞는 새 글자 28자를 만들어 누구나 쉽게 배워 편하게 쓰게 한다는 목적을 천명하고 있다.

정치 사회 동기는 우매한 백성을 가르칠 필요가 있음을 들었다. 한자를 모르는 백성들의 불편함과 억울함이 매우 크다는 것이다. 따

 28자로 이룬 문자혁명 훈민정음

라서 새 글자 28자를 만들어 우매한 백성들을 깨우친다는 목적을 이루겠다고 내세우고 있다.

이렇게 보면 '훈민정음'이란 네 글자에 창제 동기와 목표, 목적 등을 담았음을 알 수 있다. 곧 백성(민)을 가르칠 필요성(동기: 훈) 때문에 바르고 쉬운 문자인 '정음 문자(목표)'를 통해, 깨우친 백성들이 사는 바른 세상(목적)을 만들겠다는 것이다. 이를 '교화'라고 한다. 그 주된 대상은 일반 백성들이지만, 그들을 가르쳐야 할 양반 사대부들 또한 염두에 두었음을 알 수 있다. 그래서 끄트머리에서 '백성'이란 말을 쓰지 않고 '사람'이란 통칭 표현을 썼다. 이는 지배층과 피지배층 모두를 아우르는 표현이다. 훈민정음으로 된 책을 보급한다 해도 일반 백성들이 책을 접할 수 있는 상황은 아니었다. 따라서 양반이나 중간 관리층을 통한 다단계 보급이 불가피했다. 다만 일반 백성들이 쉽게 배울 수 있는 근본적인 길을 열어 놓은 것이다.

그리고 제목에서 바른 소리(正音)를 강조한 것은 그 당시 발음이 바르지 않다는 동기가 담겨 있다. 당시 사용 문자인 한자와 이두 자체도 문제였지만, 표준 발음이 제대로 설정이 안 돼 더욱 혼란스러웠던 것이다. 세종은 표준 한자음을 통해 양반들에게도 도움을 주고자 했다. 이렇게 창제자가 밝혀 놓은 핵심 동기와 목적을 좀 더 세밀하게 추적해 보자. 그 전에 동기가 형성된 배경부터 짚어 보자.

모든 계층을
연결하는 문자

고려는 귀족 중심의 사회였고 조선은 농민을 기반으로 한 사대부 중심의 사회였다. 당연히 조선의 왕권은 더욱 강화되었고, 일반 평민들의 지위 또한 고려 때보다 상대적으로 높아졌다. 이는 평민에 대한 지배 정책이 고려 때와는 질적으로 달라야 함을 뜻한다. 그것은 바로 평민을 교화해 지배 체제로 끌어 오는 것을 의미하고, 그런 교화를 중심으로 한 평민과의 소통이 더욱 필요해졌음을 의미한다. 물론 이는 지배층 위주의 소통이었겠지만, 소통의 필요성이 부각된 것 자체가 대단한 변화라고 할 수 있다. 또한 이런 소통에서 양반 사대부의 역할이 무시될 수는 없다. 따라서 모든 계층을 연결하는 이념과 도구가 필요했다. 이 때 이념의 역할은 이미 성리학으로 설정되어 있었지만, 일종의 공통어 역할을 할 문자가 없었다. 결국 훈민정음은 피지배층을 염두에 둔 문자였지만 피지배층만을 위한 문자는 아니었다.

역사를 기록한 책은 『삼국사기』, 『삼국유사』, 『고려사』 등 숱하게 많다. 그런데 그 어디에도 우리의 고유문자가 필요하다거나, 한문이나 한문을 변형한 이두가 불편하다고 언급한 기록은 없다. 새로운 고유문자의 필요성은 『세종실록』에 와서야 발견된다. 세종이 한자와 이두에 불편을 느낀 기록은 『조선왕조실록』 곳곳에 나와 있다. 세종은 백성들을 바르게 살게 하는 삼강오륜과 같은 예禮, 『대명률』과 같은 법法, 먹고사는 생활의 근본인 농사에 관한 지식 등을 하층민들에게 직접 가르치고 싶어 했다.

그러기 위해서는 하층민들이 배울 수 있는 제도가 있어야 했다. 당시 평민들은 군역의 의무를 지는 대신, 기초 교육기관인 향교에 나가 배울 수 있었다. 세종 14년(1432년) 10월 12일자 실록 기록에 보면, 예조에서 "신백정新白丁들은 이미 평민들과 섞여 살고 서로 혼인하여 군역軍役을 부담하고 있으니, 그들의 자제 중 독서를 원하는 자에게는 향학鄕學에 나아가게 하옵소서." 하니 세종이 그대로 따랐다고 한다. 문제는 하층민들이 문자를 깨칠 만큼 배울 수 있는 삶의 여유가 없었다는 것이다. 한문이 양반의 특권으로 자리 잡은 건 타고난 신분 탓도 있지만, 그들만이 교육제도를 향유할 시간과 경제적 여유가 있었기 때문이다.

세종이라고 그 점을 몰랐을 리 없다. 문자가 필요해도 배울 수 없다면 아무 의미가 없다. 이 점 또한 세종은 잘 알았을 것이다. 그렇

세종은 조선말에 맞는 새 글자가 필요하다, 우매한 백성을 깨우치고자 한다는 여러 목적 아래 훈민정음
을 창제했다. 〈세종대왕 어진〉. 세종대왕기념사업회 소장.

다면 배울 수 있는 환경을 제공하는 것도 중요하지만, 그보다 더 중요한 건 최대한 쉽고 빠르게 배울 수 있는 문자를 만드는 일이었다. 세종은 바로 그 일을 실현했던 것이다. 세종이 하층민의 교육제도를 개선하기 위해 획기적인 정책을 편 기록은 없다. 하지만 아무리 좋은 교육제도를 마련한다 해도, 어려운 한자를 통한 교육은 한계가 있었을 것이다. 따라서 문자 모순을 바로잡는 것이 더 효율적이었고 세종은 그것을 택했다. 곧 쉽게 배울 수 있는 문자가 필요했던 것이다. 실제로 세종은 그런 쉬운 문자를 만들었고 새 문자에 대한 해설서를 쓴 신하들이, '훈민정음'은 슬기로운 사람은 하루아침에, 어리석은 이라도 단 열흘이면 다 깨우칠 수 있다고 장담했던 것이다.

세종이라는 특출난 인물이 있었기에 훈민정음 창제가 가능했지만, 세종이 위대한 업적을 남길 수 있었던 것은 시대의 흐름 때문이었다. 이제 그 도도한 흐름을 짚어 가면서 새 문자 탄생의 비밀을 풀어보자.

세종은 왜, 무엇을 가르치려 했을까?

'교화'가 필요하다고 생각한 것 자체가 역사의 발전이었다. 고려시대까지만 하더라도 이러한 교화의 필요성이 적극적으로 대두되지 않았기 때문이다.

고려는 불교 중심의 사회였지만 조선은 유교 중심의 사회였다. 유교 중심의 사회로 바뀌었을지라도 일반 백성들에게는 불교냐 유교

냐가 큰 문제가 아니었다. 하지만 지배층에게는 대단히 중요한 문제였다. 지배층들은 유교를 학문 차원에서는 유학이라 불렀다. 사람의 본성과 천지자연의 이치를 연구한다고 해서 성리학이라고도 불렀다. 유교는 삼국 시대에 우리나라에 들어와 중요한 삶의 잣대가 되었지만 조선에서는 이를 아예 나라의 통치 이념으로 삼았다. 조선은 송나라 때 더욱 체계화된 새로운 유교를 받아들여 세운 나라여서, 불교를 국시로 삼았던 고려와의 차별성을 강조하기 위해, 공자와 맹자의 사상을 바탕으로 하는 유교를 더욱 강조했다.

사대부는 성리학을 생각과 생활의 기본으로 삼으려는 사람들이다. 성리학은 자연의 이치에 따라 조화롭게 사는 것을 가장 중요하게 여긴다. 이 때 자연의 이치인 조화를 인간 세계에 구현한 것이 질서이며, 질서의 핵심 원리는 착함(어짊)과 예의이다. 이를 구체적인 행동 규범으로 체계화해 놓은 것이 삼강오륜이다. 임금은 이러한 삶 그 자체이어야 하고, 양반과 백성을 가르칠 의무가 있었다. 양반 관료들을 가르쳐 일반 백성들을 가르치게 할 수도 있었지만 그런 방법은 한계가 있어 책을 통해 백성을 직접 가르치는 전략이 필요했다. 그래서 새로운 문자가 절실했던 것이다. 실천 측면에서 성리학의 핵심은 윤리와 문자다. 윤리가 본성을 이루어 내는 길이라면 문자는 그 길을 가는 도구이기 때문이다. 보수 사대주의자들은 그 문자를 한자로 못박았지만, 세종을 비롯한 실용 사대주의자들은 새로운 문자가 필요함을 공감했다.

    28자로 이룬 문자혁명 훈민정음

유교의 핵심을 담고 있는 책이 사서(『논어』, 『맹자』, 『중용』, 『대학』)
오경(『시경』, 『서경』, 『주역』, 『예기』, 『춘추』)이다. 성리학의 이론과 철
학을 모아 놓은 책이 『성리대전性理大全』인데, 이 책은 명나라 성조
14년(1415년)에 편찬되고, 세종 1년(1419년)에 조선으로 들어왔다.
세종 7년(1425년) 10월 15일자(음력) 실록 기록을 보면, "충청도·전
라도·경상도 감사에게 두루 알리기를, 『성리대전』, 오경, 사서 등
을 인쇄하려고 하니, 그 책을 만드는 데 쓸 종이를 위해 닥나무를 사
서 충청도는 3천 첩(종이를 세는 단위), 전라도는 4천 첩, 경상도는 6
천 첩을 만들어 진상하라."는 지시가 있다. 이 책의 연구와 보급에
매우 힘썼음을 알 수 있다.

유교에 따른 바른 생활의 근본원리가 삼강오륜이었으므로 이것이
야말로 새 나라를 통치하는 근본이념인 셈이다. 그런데도 나라를 세
운 할아버지(태조)와 아버지(태종) 세대 때는 권력 싸움에 형제들끼
리 서로 죽이기까지 하여 왕실 스스로 이를 지키지 못한 셈이었으므
로, 세종은 이런 규범을 바로 세우고자 조바심이 났을 것이다.

조선 왕조를 세우는 데 결정적인 역할을 한 양반 사대부들은 고려
시대 귀족 세력을 누르고 정권을 잡았지만 하층민과의 관계에서는
고려 시대 귀족보다 권력이 약화되었다. 전체로 보면 이러한 판짜기
는 왕권 강화를 가져온 것이므로, 왕권 중심의 개혁에 동참하는 세
력과 이와 대립하는 신권 중심의 세력으로 나뉘게 된다. 개국공신인
정도전은 태조 이성계를 도운 핵심 인물이지만, 실제로는 신권 중심

의 정치를 꿈꾼 인물이다. 그러나 그는 왕권 중심의 통치를 밀어붙인 이방원(태종)에게 패했고, 태종은 왕권 중심으로 권력을 재편했다. 이런 기반 위에서 세종은 왕권 중심의 개혁을 철저히 이룰 수 있었다.

왕권 중심 사회에서는 왕과 하층민의 직접 소통이 더 중요해진다. 왕권 중심의 개혁을 지지하는 신하나 관리를 통한 소통도 중요하지만, 반대 세력도 있으므로 직접 소통이 더욱 중요하다. 훈민정음 창제는 바로 왕권 중심의 직접 소통을 통한 교화 정책이 결정적인 배경이었다.

훈민정음 창제에 깊숙이 참여한 신하들을 길러 낸 집현전은 왕권을 중심으로 한 개혁의 핵심 기관이었다. 그렇다고 집현전 학자들 모두가 왕의 정책에 적극 찬성하고 협조한 건 아니다. 학문적·정치적 입장에 따라 임금을 지지하는 파도 있고 반대하는 파도 있었다. 『훈민정음 해례본』을 임금과 함께 집필한 정인지, 최항, 신숙주, 성삼문, 박팽년, 이개, 하위지, 이선로 등이 일종의 친왕파 역할을 했고, 최만리, 정창손, 김문 등이 반대파 역할을 했다. 그러므로 최만리는 사대주의자이고 세종과 정인지 등은 비사대주의자라고 이해하는 것은 옳지 않다. 모두 사대주의자이지만, 세종과 친왕파는 실리적·실용적 사대주의를 추구했고, 최만리 등은 정통 사대주의를 추구했다고 볼 수 있다. 이런 흐름 속에서 최만리가 훈민정음 창제 반대 상소문을 올린 것이다. 이들은 실용과 실리를 추구하는 정인지·

최항 등과 달리, 유교 경전과 그러한 사상을 담은 한문을 중요하게 여겼으므로, 훈민정음 창제는 그들의 생각의 기반, 삶의 기반을 뒤흔든 사건이었던 셈이다. 굳이 이름을 붙인다면 최만리 등은 경학파라 할 수 있고, 정인지 등은 실용파라 할 수 있다.

물론 실용파이든 경학파이든 이들 모두는 핵심 지배 계층이고, 성리학은 이들 생각의 기반이자 정치 이념이다. 성리학은 철저한 신분제를 바탕으로 하는 도덕주의가 핵심이다. 이러한 도덕주의는 민본주의를 바탕으로 한다. 민본주의는 말 그대로 '민(백성)'이 '본(근본)'이라는 것이지만, 실용파가 바라보는 민본주의와 경학파가 바라보는 민본주의는 사뭇 달랐다.

교화의 대상을 '우민愚民' 또는는 '우부우부愚夫愚婦'라고 불렀다. 오늘날의 말로 바꾸면 둘 다 '어리석은 백성'이라는 뜻이지만, 당시에는 그런 뜻으로 쓰인 게 아니었다. 가르칠 필요가 있는 모든 백성을 가리킨다. 특히 한자를 몰라 책을 볼 수 없는 계층을 가리킨다. 민본이란 백성이 나라의 근본이라는 뜻인데, 이러한 우민이 나라의 근본이라는 것이 아니라, 교화되어 임금의 뜻에 순응할 때 나라의 근본이라는 것이다. 곧 하늘의 뜻을 거스르지 않고 조화가 될 때 '민'은 '본'이 된다. 그렇다면 어떻게 해야 하늘의 뜻, 임금의 뜻에 순응할 수 있는가. 그것은 인간의 본성에 따르면 된다. 본성은 인간다운 천성을 지키는 것이고, 그러한 천성은 바로 부모와 웃어른을 공경하는 효로 상징되는 혈연적 가족주의 윤리에서 비롯된다. 임금은 만백성의 아버지이므로 그러한 효는 곧 충으로 연결된다. 곧 충효는 둘이 아니라 하나다. 이러한 도덕주의를 극명하게 규범화한 것이 이른바 삼강오륜이다.

따라서 이러한 정치사상에서는 교화를 통치의 주요 수단이나 목 표로 삼을 수밖에 없다. 곧 도덕은 교화의 명분이자 이상이고, '민' 은 '우민'으로서 교화의 대상이다. 다만 여기서 주의할 점은 일반 백성(민)만이 교화의 대상은 아니라는 것이다. 사대부 관리층도 임 금의 신하인 이상 교화의 대상이다. 다만 민은 어리석으므로 스스로 도덕적 성품을 키울 수 없으니 키워 주어야 하는 대상이다. 사대부 관리층은 학문을 연마하고 있으므로 도덕적 성품을 기를 수 있는 능 력이 있다고 간주된다. 따라서 그들은 교화의 대상이면서 또한 어리 석은 백성을 교화할 수 있는 자격이 부여된다.

둥근 구멍에 모난 자루 끼는 언어생활

말(언어)은 입으로 하는 말(입말, 구어)과 글로 쓰는 말(글말, 문어) 로 나뉜다. 우리 조상들은 오랫동안 고유의 글말이 없어 중국의 글 말인 한자를 받아들여 써 왔다. 조선은 정치나 국제 관계에서 소중 화(작은 중국)를 자처할 만큼 정치적 속국의 위치에 있었으므로 이 를 당연하게 여겨 왔다.

『훈민정음 해례본』은 새 문자를 해설한 책이므로 당연히 그 당시 글말인 한문으로 되어 있다. 세종이 직접 쓴 서문 첫 구절은 "國之語

 28자로 이룬 문자혁명 훈민정음

音 異乎中國 국지어음 이호중국"이다. 여기서 '조선과 명나라'로 대비시키지 않고 '나라와 중국'으로 대비시켰다. 그 이유는 사대주의 흐름 때문이다. 그 당시 국호는 '조선朝鮮-명明'이었으므로 '朝鮮國之語音 異乎明國 조선국지어음 이호명국'이라고 할 만하지만 그렇게 표현하지 않았다. 그 이유는 국호를 대등하게 쓸 수도 없었을 뿐 아니라, 당시 한자는 명나라의 문자라기보다 중국의 전통적인 문자였기 때문으로 보인다. 그래도 '조선'이라는 독자적인 국호를 사용하는 정도의 자율성은 있었으므로 오늘날의 '국어' 정도의 '국지어음'이란 말을 썼다.

한자를 문장 단위 이상으로 부려 쓰면 '한문'이 되는데, 이 한문은 당연히 중국의 말법에 맞게 되어 있다. "나는 너를 사랑한다"를 중국 사람들은 "워 아이 니(나는 사랑한다 너를)"와 같이, 영어와 같은 순서로 말을 하고 "我愛你(나-사랑한다-너)"라고 쓴다. 동양의 대부분의 나라들이 우리나라처럼 '사랑한다'와 같은 동사가 목적어 다음에 오는데, 중국어는 동양어답지 않게 서양의 영어와 비슷하게 목적어 앞에 온다. 그러니 우리 조상들 중 소수의 지배층이나 지식층은, 말은 "나는 너를 사랑한다"고 하고 쓰기는 "我愛你(나-사랑한다-너)"라고 하는, 사뭇 어긋나는 이중적인 언어생활을 했다. 한문을 잘한다 하더라도 이는 불편하기 짝이 없는 노릇이었을 텐데, 이런 글말에 어느 정도 익숙해진 상층부 지배층이나 지식인들은 이런 불편에 대해 짜증 내지 않고 당연한 것으로 받아들였다. 어렵고 불편한 만큼, 이런 지식을 모르는 사람들에게는 선망의 대상이었고 당사자들에게는 우쭐함의 상징이었다. 양반 지배층들은 우리나라를 '작은 중국(소중화)'으로 여겼으므로 이러한 한문 쓰는 능력을 그들만의 특권으로 간주해, 우리 입말에 맞는 글말을 만들 생각을 적극적으로 하지 않았다. 따라서 대다수 백성들은 이러한 한자가 어렵기도 하거니와 배울 만한 여건도 되지 않아, 실제 글자를 쓸 수 있는 삶을 누리지 못했다.

글말을 적는 문자는 한자가 독점한 셈이었다. 지금이야 영어 문자도 있고 일본 문자도 있지만 당시로선 한자만이 진정한 문자였으니 '문자=한자'라는 등식이 성립했다. 그렇지만 한자를 부려 쓰던 사람들이라고 학문 도구로서의 한문이 아닌 일상생활과 관련된 부분까지 한문으로 쓰는 것이 편했을 리 없다. 그래서 만들어 낸 것이 중국식 한문을 우리식 한문으로 바꾼 이두문이었다. "我愛你(나-사랑한다-너)"를 일단 우리식으로 "我你愛(나-너-사랑한다)"와 같이 차례를 바꾸었다. 그리고 나서 조사 '~는, ~를', 어미 '~ㄴ다' 등에 발음이 비슷한 한자의 뜻이나 음을 갖다 붙이는 방식이다. 이를테면 "我隱(은)你乙(을)愛多(다)" 식으로 바꾸는 것이다. 이렇게 바꾸면 우리식 흉내는 어느 정도 낼 수 있지만, 한자 자체가 어려운 문자이다 보니 이것 역시 일반 백성들에게는 그림의 떡이었을 것이다.

한자는 조사나 어미가 거의 발달되어 있지 않고 하나의 낱말을 소리의 높낮이로 구분하는 중국 말에 적합한 문자이니, 그렇지 않은 우리말과는 너무나 먼 문자였다. 새 문자의 해설서 집필의 총책임자였던 정인지는 그 불편을 "마치 둥근 구멍에 모난 자루를 낀 것과 같이 서로 어긋나는 일"이라고 명쾌하게 비유했다. 곧 조선이 한자 문화권에 놓여 있고 사대부층이 한문을 부려 쓰는 데 별 불편이 없었다 할지라도 다양한 표현 욕구를 한문으로는 도저히 해결할 수 없었다. 또 한문을 소유한 계층과 그렇지 못한 계층 간에 소통이 되지 않음으로써 크고 작은 문제가 생겼다. 또한 그동안 이두와 같은 절충 문자가 끊임없이 쓰여 온 것으로 보아, 입말과 글말이 다른 데에서 오는 불편함을 인식하고 있었음을 알 수 있다. 이 점은 정인지가 서문에서 잘 밝혀 놓았다.

천지자연의 소리가 있으면 반드시 천지자연의 글자가 있는 법이니, 그러므로 옛사람이 소리를 따라 글자를 만들어서 그것으로 만물의 뜻을 통하고, 그리하여 삼재三才의 이치를 실어서 뒤 세상 사람이 능히 바꾸지 못하는 까닭이 여기에 있다. 그러나 사방의 풍토가 다르고, 말소리 또한 이에 따라 다르다. 대개 중국 이외의 딴 나라 말은 그 소리만 있고 글자가 없어서 중국의 글자를 빌려다가 변통해 쓰는데, 이것은 마치 둥근 자루와 모난 구멍의 어긋남과 같으니, 어찌 능히 통달하여 걸림이 없겠는가. 요컨대 다 각각 그 실정에 따라 편안하게 할 것이지, 억지로 같게 해서는 안 될 것이다.

우리 동방 겨레의 예악과 문장이 중국 문화와 거의 비길 만하나, 다만 우리나라 세속말이 중국과 같지 않아서, 글을 배우는 이들이 그 뜻을 깨치기 어려움을 근심하고, 옥사를 다스리는 이는 그 곡절을 통하기가 어려움을 괴로워하고 있다. 옛날, 신라의 설총이 이두를 처음으로 만들어 관부官符와 민간에서 지금까지 쓰고 있으나, 모두 한자를 빌려 쓰므로 어떤 것은 걸리기도 하고 어떤 것은 막히기도 하여, 비단 비루하고 근거가 없을 뿐만 아니라, 말을 적는 데 있어서는 능히 그 만의 하나도 잘 통하지 못한다.

계해년 겨울에 우리 전하께서 정음 스물여덟 글자를 창제하시고, 간략하게 보기와 뜻을 들어 보이시고, 이름을 '훈민정음' 이라 하시니, 모양을 본떴으되 글자는 옛 전자를 닮았고, 소리를 따랐으되 음은 일곱 가락에 들어맞고, 삼극三極의 뜻과 이기二氣의 묘가 다 포함되지 않은 것이 없다. 스물여덟 자로써 굴러 바뀜이 무궁하고, 간단하고도 요령이 있으며, 정밀하고도 잘 통한다. 그러므로 슬기로운 이는 하루 아침을 마치기도 전에 깨칠 것이요, 어리석은 이라도 열흘이면 배울 수 있으니, 이로써 한문 글을 해석하면 그 뜻을 알 수 있고, 이로써 송사를 들으면 그 속사정을 알 수 있다.

글자의 소리로는 청탁을 잘 가릴 수 있고, 풍악의 노래로는 곡조 가락이 잘 고루어져서, 쓰기에 갖추지 않은 것이 없으며, (어떤 경우에라도) 이르러 통하지 않는 것이 없어, 비록 바람 소리와 학의 울음 소리와 닭의 울음 소리와 개 짖는 소리라도 모두 적을 수 있다.

드디어, 자세한 풀이를 더하여 모든 사람에게 알리라 명하시매, 이에

    28자로 이룬 문자혁명 훈민정음

신이 집현전 응교 최항과 부교리 박팽년과 신숙주와 수찬 성삼문과 돈녕부 주부 강희안과 행行 집현전 부수찬 이개와 이선로 들로 더불어 삼가 여러 가지 풀이와 보기를 지어 그 대강을 서술하였으니, 바라건대, 보는 이로 하여금 스승에게 배우지 아니하고도 스스로 깨치게 하고자 한다. 그 깊은 근원과 정밀한 뜻의 신묘함 같은 것은 신들이 능히 펴 나타낼 수 있는 바가 아니다.

『훈민정음 해례본』 정인지 서문

지배 지식층들은 한문의 불편을 뻔히 알면서도 한자가 주는 묘한 매력에 도취되어 그럭저럭 살아온 듯하다. 일본의 경우는 중국의 영향을 적게 받은데다가 실용 성향이 강해, 일찍부터 한자를 아예 뜯어서 일본 말에 적합한 문자(가나)를 만들어 냈다. 일본 말은 발음할 수 있는 소리 세계가 단순해 가능했다. 하지만 소리 세계가 풍부한 우리말은 일본과 같은 방식으로도 불가능했다. 그래서 이두문을 개발해 그 불편을 줄여 보려고 안간힘을 썼다. 세종도 일단 한문보다 표현력이 좀 더 풍부한 이두문을 잘 활용해 보려고 시도했던 것으로 보인다.

그러므로 "한자로는 서로 통할 수 없다."는, 입말과 글말이 통하지 않는다는 것을 전제로, 문자를 아는 지배층과 모르는 피지배층이 서로 통하지 않는다는 것을 의미한다. 그리고 이 부분을 흔히 자주 정신을 담은 대목이라 분석하는데, 이를 오늘날의 정치적 자주 의식이나 민족주의로 해석해서는 안 된다. 왜냐하면 당시 지배 계층의 세계관은 소중화 사상으로, 중국에 대한 사대주의가 정치적 생존 원리였기 때문이다. 자주 의식이 탁월했던 세종이라 하더라도 그 틀을 벗어날 수는 없었을 것이다. 그러나 정치적 자주 의식은 아닐지라도 언어적 또는 문화적 자주 의식이 반영된 것만은 분명하다. 왜냐하면 당시 정통 사대주의파들은 훈민정음 창제 자체를 중화주의에 어긋나는 것으로 보았기 때문이다. 이는 『세종실록』에 나오는 최만리 등의 반대 상소에서, "우리 조선은 조상 때부터 내려오면서 지성스럽게 대국을 섬기어 한결같이 중화의 제도를 따랐습니다. 이제 문자(한자)도 같고 법과 제도도 같은 시기에 언문을 창제하신 것은 보고 듣기에 놀라움이 있습니다."(세종 26년 12월 20일)라고 얘기하는 것에서 알 수 있다.

결국 훈민정음 창제는 천지자연의 소리가 있으면 반드시 천지자연의 글자가 있다는 법에 따른 것이다. 각 지역마다 그 지역에 맞고 필요한 문자가 있다는. 이는 너무도 상식과 당위에 따른 논리였지만 그 상식과 당위를 깨닫는 건 쉬운 일이 아니었다. 더더욱 그것을 실천에 옮기는 일은 당시로선 거의 기적에 가까웠다. 그러니 훈민정음 창제를 어찌 문화혁명이라 이름 붙이지 않을 것인가.

    28자로 이룬 문자혁명 훈민정음

세종, 훈민정음으로
백성을 교화하다

　　　　　백성을 교화하는 방법은 법률 공포를 통하거나 책을 통해 하는 방법이 있다. 법을 통해 하는 방법도, 관리를 통해 형벌 위주로 하는 방법과, 법령 책을 통해 미리 예방하는 방법이 있다. 이런 방법에 따른 갈등 문제가 훈민정음 창제의 주요 동기가 되었다.

삼강오륜, 왜 어떻게 가르칠 것인가?

　세종이 새 문자 구상을 하게 된 동기를 추적하기 위해, 그가 임금이 되던 해로 타임머신을 타고 거슬러 올라가 보자. 1418년 10월 6일(음력), 세종 나이 22세, 바로 임금이 되던 해이다. 8월 8일에 태종을 상왕으로 모시고 즉위했으니 두 달 후인 셈이다. 이 날 풍속 교화와 처벌을 담당하는 사헌부에서, 비록 아비와 상전을 죽이는 일은 없지만 나라를 다스리는 근본인 삼강오륜을 어기는 자가 많으니, 이들을 법률에 따라 처단하고 왕법을 엄하게 하자고 상소해 세종은 그렇게 하도록 지시한다.

1392년에 조선이 세워졌으니 1418년은 개국한 지 26년째인 해이다. 아직 나라의 기틀이 제대로 잡히지 않아 민심이 흉흉하고 불미스런 사건이 많이 일어나던 때였다. 이 때의 기록은, '삼강오륜' 문제를 어떻게 해야 하느냐에 대한 『조선왕조실록』 최초의 기록이기도 하다.

삼강오륜은, 섬김의 예법인 '삼강'과, 관계 맺기의 예법인 '오륜'으로 이루어진 유교 행위 규범의 핵심이다. 즉 신분제를 전제로 한 예의 규범이다. 곧 아들은 아버지를 섬기는 것이 근본이고(부위자강父爲子綱), 신하는 임금을 섬기는 것이 근본이고(군위신강君爲臣綱), 아내는 남편을 섬기는 것이 근본이며(부위부강夫爲婦綱), 임금과 신하는 의리가 있어야 하고(군신유의君臣有義), 아버지와 아들은 친함이 있어야 하며(부자유친父子有親), 남편과 아내는 분별이 있어야 하고(부부유별夫婦有別), 어른과 어린이는 차례가 있어야 하며(장유유서長幼有序), 벗과 벗은 믿음이 있어야 한다(붕우유신朋友有信). 이러한 삼강오륜은 모든 계층에게 필요한 것인데도, 사대부들은 늘상 배우지만 하층민들은 제대로 배우지 못하는 데 문제가 있었다.

그런데 세종이 임금 자리에 오른 지 10년, 그의 나이 서른두 살 때인 1428년 9월, 진주에 사는 김화라는 자가 아비를 죽이는 '존속

   28자로 이룬 문자혁명 훈민정음

살인' 사건이 일어난다. 세종과 신하들의 충격은 너무도 컸다. 1418년 임금 자리에 오르자마자 삼강오륜 문제에 대해 일벌백계로 다스려 왔고 그로부터 10년이 흘렀는데 더 끔찍한 살인 사건이 일어났으니 그 충격은 이루 헤아릴 수 없었다. 사건 직후인 9월 27일 어전 회의에서 법률에 따라 능지처참으로 다스리자고 했지만, 이러한 부도덕한 사건이 일벌백계와 같은 형벌만으로 다룰 문제가 아니라는 의견이 제시된다. 10년 전 사건보다 더 끔찍한 사건임에도 가혹한 형벌만으로 해결될 문제가 아니라고 보았던 것이다. 교화의 방법과 절차가 중요함을 드러낸 것이다.

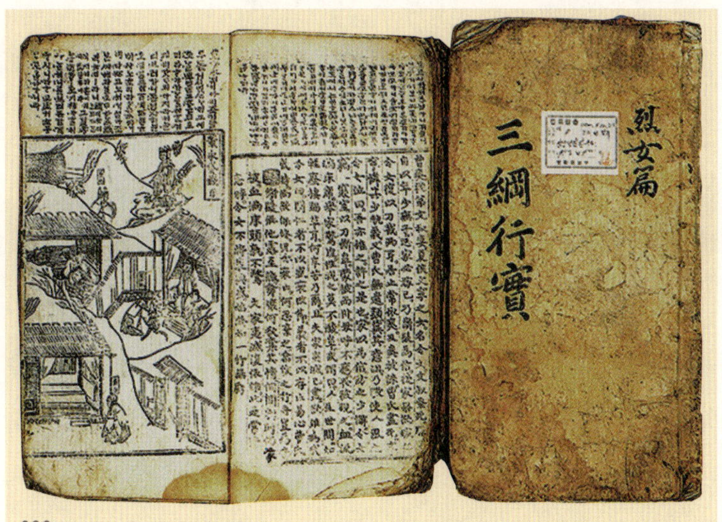

『삼강행실도』 한문본. 세종은 건국 초기의 혼란스런 세태를 바로잡기 위해, 모범이 될 만한 충신·효자·열녀 등의 이야기를 그림을 곁들여 펴내, 우매한 백성들도 알아볼 수 있게 했다.

그래서 엿새 뒤인 10월 3일 경연에서 이 문제와 관련된 풍속 교화가 논의된다. 변계량이 "『효행록』 등의 서적을 널리 반포하여 항간의 영세민으로 하여금 이를 항상 읽고 외게 하여 점차로 효제와 예의의 마당으로 들어오도록 하소서." 하니, 세종이 직제학 설순에게 "이제 세상 풍속이 각박하여 심지어는 자식이 자식 노릇을 하지 않는 자도 있으니, 『효행록』을 간행하여 이로써 어리석은 백성들을 깨우쳐 주려고 한다. 이것은 비록 폐단을 구제하는 급무가 아니지만, 그러나 실로 교화하는 데 가장 먼저 해야 할 일이니, 전에 편찬한 24인의 효행에다가 또 20여 인의 효행을 더 넣고, 고려와 삼국 시대의 사람으로 효행이 특이한 자도 모두 수집해 한 책을 편찬해 이루도록 하되, 집현전에서 이를 주관하라."고 지시했다.

『효행록』은 고려 시대 권준이 엮은 중국 효자 이야기다. 그런데 이 『효행록』만으로 큰 효과를 거두지 못하자 세종은 충신과 열녀 등의 내용을 더욱 넓히고 그림 풀이를 덧붙인 『삼강행실도三綱行實圖』를 펴낼 것을 지시해, 세종 14년(1432년) 6월 9일 드디어 집현전에서 『삼강행실도』를 편찬하여 올렸다.

이 책은 한문으로 되어 있어, 하층민에게 직접 전달하려는 것은 아니었다. 하층민에게 직접 전달할 만한 책을 찍던 시대도 아니었다. 다만 양반이나 중간 관리층을 통해 하층민에게 전달하려는 의도로 그림을 덧붙여 펴낸 것이다. 이로부터 2년 뒤인 세종 16년(1434년) 4월 27일, 인쇄하여 널리 펴서, 거리에서 노는 아이들과 골목 안

여염집 부녀들까지도 모두 쉽게 알 수 있게 조치를 취했던 것이다. 이 날의 교서에서, "다만 백성들이 문자를 알지 못하여 책을 비록 나누어 주었을지라도 남이 가르쳐 주지 아니하면 어찌 그 뜻을 알아서 감동하고 착한 마음을 일으킬 수 있으리오. 내가 『주례周禮』(12세기 중국에서 편찬된 유교 경전. 세종 때 단행본으로 출판되었다)를 보니, '외사外史(벼슬 이름)는 책을 사방에 펴 알리는 일을 주관하여, 사람들로 하여금 책의 글자를 알게 하고 책을 능히 읽을 수 있게 한다.' 하였으므로, 이제 이것을 만들어 서울과 외방에 힘써 가르치도록 하라."고 적고 있다.

책을 통해 백성들이 널리 알게 하려는 강한 의지가 담겨 있다. 이로부터 10년 뒤인 세종 26년(1444년) 세종은 훈민정음을 반대한 정창손과의 대화에서 "내가 만일 언문으로 『삼강행실』을 번역하여 민간에 배포하면 어리석은 남녀가 모두 쉽게 깨달아서 충신·효자·열녀가 반드시 무리로 나올 것이다."고 장담하기까지 했다. 창제 10년 전의 문제 의식과 창제 후의 문제 의식이 일치하는 것으로 보아, 세종은 이 문제를 통해 새 문자 구상의 중요한 동기를 얻었음에 틀림없다.

죄를 막기 위한 법령을 어떻게 알릴 것인가?

세종이 『삼강행실도』 보급 문제로 고민하던 시기보다 몇 해 전에 어려운 법조문 때문에 고민한 기록이 있다. 세종 8년(1426년) 10월

27일, 세종은 "사람의 법은 함께 써야 하는 것인데, 지금은 옛날과 같지 않아 부득이 가까운 법조문을 준용하여 시행하는 것이다. 그러나 법조문이란 것이 한문과 이두로 복잡하게 쓰여 있어서 비록 문신이라 하더라도 모두 알기가 어려운데, 하물며 법조문을 배우는 생도이겠는가. 이제부터는 문신 중에 정통한 자를 가려서 따로 훈도관을 두어 『당률소의』(당나라 때의 법률 주석서), 『지정조격至正條格』, 『대명률』(중국 명나라 법전) 등의 글을 강습시키는 게 옳을 것이니, 이조로 하여금 정부와 의논하도록 하라."고 지시를 내렸다. 세종은 이두문을 한문보다 훨씬 쉬운 문자로 파악했고, 실용파 신하들 또한 그 점에는 생각을 같이했다.

『삼강행실』의 보급 문제가 불거지던 시기인 세종 13년(1431년)에는 안숭선, 김종서 등이 "『대명률』의 한문은 뜻을 이해하기 어려워 법률을 대조해 죄의 경중을 따지는 데 실수가 있으니 진실로 편하지 않사옵니다. 바라옵건대, 『당률소의』, 『의형이람』 등의 글을 참고해서 이두문으로 번역하고 풀이해 사람들이 알기 쉽도록 하옵소서." 하고 건의하자, 세종은 다음날 조서강과 소윤 권극화에게 명하여, 『대명률』을 상정소에서 번역해 풀이하게 했다는 기록도 있다.

그로부터 한 해 뒤, 그러니까 집현전에서 『삼강행실』의 편찬을 끝내던 해인 세종 14년(1432년) 음력 11월 7일, 어전 회의에서 임금은 신하들에게 "비록 세상 이치를 아는 사람이라 할지라도, 법률문에 의거하여 판단이 내려진 뒤에야 죄의 경중을 알게 되거늘, 하물며 어리석은 백성이야 죄를 범한 바가 크고 작음을 어찌 알아서 스스로 고치겠는가. 비록 백성들로 하여금 모든 법률문을 알게 할 수는 없을 것이나, 따로 큰 죄의 조항만이라도 뽑아 적고 이를 이두문으로 번역해 민간에 반포해서, 우부우부들로 하여금 범죄를 피할 수 있게 함이 어떻겠는가"라고 묻는다.

주요 법조문을 한문보다 쉬운 이두문으로 번역 반포하여, 무지한 백성들이 죄를 짓지 않게 함이 어떠냐고 물은 것이다. 이러한 임금의 물음에 대해 허조라는 신하는 엉뚱하게도 백성들이 쉬운 문자(이두)를 아는 것 자체를 문제 삼는다. 지배층이 하는 일에 시시콜콜 시비를 걸 수 있다는 것이다. 이에 대해 세종은 법을 알게 하는 것이 좋다고 강조하고, 옛 기록에서 백성들에게 법조문을 가르친 사례를 조사하도록 지시한다. 물론 법령을 이두문으로 번역하는 일은 태조 때부터 해 왔다. 공식 문서의 이두문 번역은 주로 중간 관리층을 위한 것인데, 세종은 한발 더 나아가, 일반 백성들까지도 이두문 접근이 가능할 수 있는지에 대해 알고 싶었던 것이다.

농사 지식을 가르치다

가르쳐야 할 내용이 삼강오륜과 법령만 있는 건 아니었다. 태종 14년(1414년) 12월 6일에 원나라에서 만든 『농상집요』라는 농서農書를 보급하면서 농사는 나라의 근본이요, 정치에서 마땅히 우선해야 한다는 교지(왕지)를 내린다. 이 때 신하들이 『농상집요』가 백성들에게 유익하나, 다만 그 글이 어려워 사람마다 쉽게 깨닫지 못하니, 이두로 번역하여 시골 구석의 백성들까지 알게 하자고 해서, 임금이 전 대제학 이행과 검상관 곽존중에게 명하여, 책을 만들어 인쇄해 반포했다는 기록이 나온다. 이 책은 외국 농사책이므로 이두 문자로 주석을 달아, 농민들에게 최대한 쉽게 전달되도록 했다.

세종 때 와서야 비로소 우리 실정에 맞는 농사짓는 법에 관한 책이 나온다. 훈민정음 창제 14년 전인 세종 11년(1429년), 정초 등이 중심이 되어 펴낸 『농사직설農事直說』이 그것이다. 세종은 농사에 관한 핵심 내용만 간략하게 정리해 시골의 백성들도 쉽사리 알도록 했다. 그래서 백성을 인도하여 살림을 넉넉하게 해, 집집마다 넉넉하고 사람마다 풍족하는 데 이르도록 할 것이라고 했다. 그 다음 해 2월에 여러 도道의 감사와 주·군·부·현과 서울 안의 시직時職·산직散職 2품 이상의 관원에게 『농사직설』을 배포했다. 이 때 세종은 "농사에 힘쓰고 곡식을 소중히 여기는 건 왕정의 근본이므로, 내가 매양 농사에 정성을 쏟는 것이다." 라고 했다.

세종 19년(1437년)에도 백성에게 『농사직설』의 경작법을 권유하도록 각 도 감사에게 지시를 내리면서, 농민을 깨우치고 가르쳐 책에 의거하여 시험해 보여서 풍속을 이루도록 하라고 했다. 만약에 어리석은 백성 가운데 자력이 부족한 자나 제 스스로 하기를 원하지 않는 자는 무조건 강제로 시킬 것이 아니라, 적당하게 권하기를 시종 게을리 하지 말아서 점차로 행하도록 하라." 했다.

세종은 이렇게 양반 관리를 통해 일반 백성들에게 철저히 알리라고 했지만, 그런 방식에 회의를 느꼈다. 농사에 대한 지식 보급에서도 새 문자 구상에 대한 실마리가 배어 있는 것이다. 양반 관리들을 통한 농민 교육의 한계를 절감하고 있었던 것이다. 훈민정음 창제 다음 해의 아래 기록에서 이에 대한 구체적인 생각을 엿볼 수 있다.

지금의 수령들은 예전의 일상 습관에 익숙해서 비록 파종 때를 당하고도 스스로 말하기를, '망종이 아직 멀다.' 고 하고, 농지에 관계되는 모든 소송을 즉시 처리하지 아니하며, 씨앗과 곡식을 꾸어 주는 사무를 항상

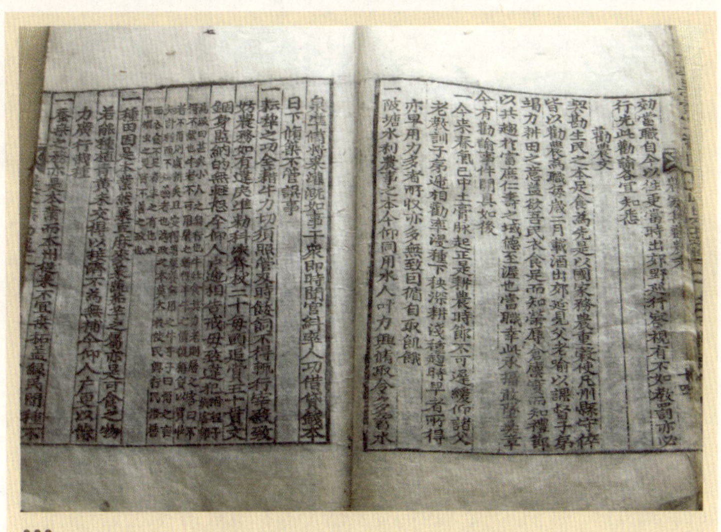

세종은 정초 등에게 명하여 실제로 우리 땅에서 농사짓는 데 도움이 되는 내용을 담은 농서인 『농사직설』을 편찬하게 했다. 이를 통해 백성들의 생활이 넉넉하고 윤택해진다면 진정한 태평성대를 이룰 수 있다고 보았다.

빨리 처리하지 아니해 번번이 시기를 놓쳐 버리곤 한다. 혹은 수령이 비록 감사에게 보고해도, 감사는 호조에 넘기고, 호조에서는 의정부에 보고하며, 의정부에서는 사유를 갖추어 보고해야 하므로, 서로 문서를 왕복하는 동안에 망종은 이미 지나가고 만다. 어떤 이는 농경의 적절한 때를 알지 못하고 한갓 농사 권하기를 통한 이름 얻기만 꾀하여 너무 일찍 심기를 독려해, 씨나 싹을 살리지 못하여 도리어 농사를 해치는가 하면, 어떤 이는 참으로 절기가 이르고 늦은 것을 알지 못하고 스스로의 계획이 어설퍼서 일의 시기를 잃기도 한다. 이래서야 어찌 근심을 나누어 백성을 사랑하는 자의 도리라 하겠는가. 누구든 나와 함께 착한 정치를 하려는 자들은 내가 위임한 뜻을 본받고, 조종祖宗의 백성에게 두텁게 한 법을 준수하며, 현인들이 남긴 농사 권하는 규범을 보고 그 지방의 풍토에 마땅한 것을 물으며, 농서를 참고해 시기에 앞서서 미리 조치하되, 너무 이르게도 말고 너무 늦게도 말라. 더구나 다른 부역을 일으켜서 그들의 농사 시기를 빼앗아서도 안 되니, 각각 자신의 마음을 다하여 백성들이 근본에 힘쓰도록 인도하라.

— 세종 26년(1444년) 윤 7월 25일자

또한 세종은 농사짓는 일과 삼강오륜을 지키는 풍속을 같은 맥락에서 보았다. 위 내용에 이어 세종은 "밭에 일하여 농사를 힘써서, 우러러 어버이를 섬기고 굽어 자녀를 길러서 나의 백성이 장수하게 되고, 그리하여 우리나라의 근본을 견고하게 한다면, 거의 집집마다 넉넉하고 사람마다 풍족하며, 예의를 지켜 서로 겸양하는 풍속이 일어나, 시대는 평화하고 해마다 풍년이 들어 함께 태평 시대의 즐거움을 누릴 수 있을 것이다."라고 말했다. 세종은 진정한 태평성대가 어떻게 가능한지를 너무도 잘 알고 있었다.

한문과 이두문 사용의 불편

교화의 필요성은 당연히 교화 도구나 방법의 문제를 불러일으킨다. 기존의 문자살이(한문, 이두)로 교화가 가능했다면 굳이 새 문자를 만들 필요성이 제기되지는 않았을 것이다.

보수적인 신하들은 새 문자를 통한, 왕권 중심의 교화 정책 자체를 반대했다. 이들이 사대주의에 젖어서가 아니라, 새 문자의 효용성에 대한 의심 및 왕권 중심 세력에 대한 반발 때문이었다. 대표적인 이가 정창손과 최만리였다.

『삼강행실도』 보급을 통한 교화 정책에 정면으로 이의를 제기한 정창손의 생각이 최만리의 반대 상소에 관한 기록에 나온다. 창제 다음 해인 1444년의 일이다. 정창손은, "『삼강행실』을 반포한 후에 충신·효자·열녀의 무리가 나옴을 볼 수 없는 것은, 사람이 행하고 행하지 않는 게 사람의 자질 여하에 있기 때문입니다. 어찌 꼭 언문으로 번역한 후에야 사람이 모두 본받을 것입니까."라고 주장했다.

이러한 정창손의 이의 제기는 새 문자(언문) 창제에 대한 반대를 넘어서는 것이었다. 책을 통한 교화 자체를 문제 삼았기 때문이다.

세종이 훈민정음 창제에 반대한 대부분의 신하들을 용서하면서도
정창손에게만은 파면이라는 중징계를 내린 것은 그가 바로 책을 통
한 교화 정책에 정면으로 도전했기 때문이다.

정창손은 교화 도구로서의 문자의 효용성을 아예 부정했지만, 최
만리는 학문을 통한 교화 도구로서의 문자의 효용성은 인정하되 그
때의 문자는 한문으로 못박았다. 한문만이 학문의 도구이고 언문은
학문의 도구가 될 수 없다는 것이다.

만약 언문을 사용한다면 관리 될 자들이 오로지 언문만을 배우고 학문
하는 한자를 돌보지 않아서 글자와 관리는 둘로 나뉠 것이옵니다. 진실
로 관리 된 자가 언문을 배워 출세한다면, 후진들이 모두 이러한 것을 보
고 생각하기를, 스물일곱 자의 언문으로도 족히 출세할 수 있다고 할 것
이오니, 무엇 때문에 고생스럽게 성리학을 파고들려 하겠습니까? 이렇
게 되오면 수십 년 뒤에는 한자를 아는 자가 반드시 적어져서, 비록 언문
으로써 능히 사무를 본다 할지라도 성현의 글을 알지 못하고 배우지 않
아 무식쟁이가 되어 세상 이치의 옳고 그름에 어두울 것이오니, 언문에
만 능숙한들 장차 무엇에 쓰겠습니까? 우리나라에 오래 쌓아 내려온, 학
문을 숭상하는 교화가 점차로 몽땅 없어지지 않을까 두렵습니다. 전에는
이두가 비록 한자에서 벗어난 것이 아닐지라도 유식한 사람은 오히려 비
루하게 여겨 한문 공용체로 바꾸려고 생각했는데, 하물며 언문은 한자와
조금도 관련이 없고 오로지 세속말에서나 쓰이니 어찌 언문이겠습니까?

     28자로 이룬 문자혁명 훈민정음

가령 언문이 먼저 왕조 때부터 있었다 해도, 오늘처럼 문명한 정치가 시행되어 도덕 있는 나라로 변화되어 가는 세상에, 옛 습관에 젖어 그대로 답습할 필요가 어디 있겠습니까? 반드시 개혁하자고 의논하는 자가 있을 것으로 이는 환하게 알 수 있는 이치이옵니다. 옛것을 싫어하고 새것을 좋아하는 것은 예나 지금이나 한결같은 골칫거리입니다. 지금의 이 언문으로 말하면, 새로 만들어 낸 하나의 기이한 재주에 지나지 않을뿐더러, 학문에 방해만 주고 정치에 유익함이 없으므로, 아무리 곱씹어 생각해도 그 옳은 것을 볼 수 없사옵니다.

— 최만리의 반대 상소문에서

겉으로 보면 언문이 학문의 도구가 될 수 없다는 것이지만, 실제 맥락은 언문이 학문의 도구가 되면 학문 도구로서 한문의 가치가 상대적으로 떨어진다는 것이다. 한문을 제대로 배우지 않을 것이기 때문이다. 그나마 이두는 한문을 배우는 계기가 되지만 언문은 아예 그 길을 차단한다는 것이다. 지배 엘리트의 전형적인 특권 의식이라 할 수 있다. 성리학에 쓰여 있는 한문은 어려우니 지배 엘리트들만의 교화 도구가 되지만 언문을 허용하면 그런 특권이 사라진다는 것이다. 이는 거꾸로 보면 최만리가 언문이 지닌 도구로서의 뛰어난 효용성은 인정했음을 알 수 있다.

제대로 가르치기 위해서는 책이 필요하고 책을 읽을 수 있는 것이 중요하다. 그렇다면 말로도 가르칠 수 있는데 굳이 왜 새 문자를 만들어 가르치려 했을까. 백성들은 세종과 지배층이 가르치려는 책들을 읽고 배우기만 하면 되는 걸까. 가장 소박한 이런 질문들을 던져볼 수 있다. 그렇다면 우리도 먼저 상식적으로 접근해 보자. 문자는 쌍방향 도구이다. 누군가가 쓰면 누군가는 읽게 되어 있다. 세종이 쉬운 문자를 만들면서 단지 읽기만을 위한 문자를 만들었을 리 만무하고 그런 문자라면 쉬울 리가 없다.

실제 세종은 그 당시 쓰고 있던 한자와 이두가 너무 어려워 백성들을 가르칠 수 없고 또 쉽게 표현할 수 없음에 주목했다. 읽기조차 어려웠으니 쓰는 건 더더욱 어려웠을 것이다. 대다수 지배층과 지식층은 오히려 이런 점을 즐겼다. 특권의 징표이기 때문이다. 글로 표현 못하는 것이 일상생활에서는 문제가 아닐 수도 있지만 생사와 관련된 재판에서는 심각한 문제일 수 있다. 민주화된 세상이라고 하는 지금도 인권 문제가 많이 남아 있고, 법 제도 아래에서도 억울한 경우를 당하는 수가 많은데 그 당시는 더욱 심했을 것이다. 재판 기록조차 읽을 수 없고 쓸 수 없다면 더욱 문제가 되었을 것이다. 이런데도 최만리는, 억울한 죄인이 생기는 건 죄인을 다루는 관리가 공평하지 못해서이지, 그들이 문자(한문)를 몰라서가 아니라고 했다.

『훈민정음 해례본』 서문에서 "우매한 백성들은 끝내 자신들이 하고 싶은 말을 능히 표현하지 못하는 이들이 많았다."고 하고, 정인지는 "옥사를 다스리는 이는 그 곡절의 통하기 어려움을 괴로워하고 있다."고 했다.

 28자로 이룬 문자혁명 훈민정음

세종 4년(1422년) 1월 21일자 기록에는 하층민들과 관리들의 의사소통 문제가 구체적으로 나온다. 이 때에도, 태종 때 하층민들이 억울한 일을 당하면 신문고라는 북을 이용하게 했는데, 아무 근거 없이 죄없는 자를 모함하거나, 절차를 따르지 않고 마구 두드리는 경우가 많았다고 한다. 그런데 실제 억울한 일을 호소해도 제대로 처리하지 않는 관리들의 문제를 동시에 지적하고 있다. 그렇게 소장 訴狀(억울한 호소 내용)을 제대로 처리하지 않는 관리들을 『경제육전 經濟六典』에 의거해 처벌할 것을 건의하자 세종이 따랐다. 이런 기록들은 형벌 문제에서 쌍방향 소통이 얼마나 중요한가를 세종이 충분히 알고 있었음을 보여 준다. 형벌 문제에서 하층민이 제대로 표현할 수 있어야 한다는 생각은 그 당시 시대 상황을 뛰어넘는 것이었다.

훈민정음 창제 12년 전인 세종 13년(1431년) 1월 19일자에, 윗사람에 대한 아랫사람의 고소 금지에 대해 논의한 기록이 남아 있다. 세종이, "아랫사람이 윗사람을 고소하는 것을 금하면 사람들이 억울하고 원통한 정을 펼 곳이 없을 것이니, 개중에 그 자신의 박절한 사정 같은 것은 받아들여 처리해 주고, 관리를 고소하는 따위의 것은 듣지 않는 게 어떤가?" 하니 신상과 하연 등은 동조했으나, 보수적인 사대부 허조는 "부민部民들의 고소를 금하는 건 그것이 풍속을 파괴하기 때문입니다. 만약 그 단서를 조금이라도 열어 놓으면 사람들이 앞을 다투어 고소하게 되어, 점차 풍속이 박하고 악하게 될 것입니다."라고 반대한다. 이에 대해 임금은 "억울하고 원통한 정을 펴 주지 않는 것이 어찌 정치하는 도리겠는가. 수령이 부민의 전답을 잘못 처리한 것을 부민이 관청에 제출하고 개정을 청구하는 것 등이야 어찌 고소라고만 하겠는가. 부민들의 부득이한 일이라 하겠다. 만약 이를 받아들여 다스린다면 수령의 오판한 죄는 어찌 처리하겠는가."라고 못을 박았다.

여기서도 보수적인 사대부 관리들과 세종 사이에 근본적인 차이가 있음이 드러난다. 신상, 하연 같은 신하는 적극 동의했으나, 허조 같은 신하는 하층민이 억울함을 드러내는 자체를 풍속의 문제로 보았다. 물론 하층민들이 억울함을 표현할 수 있다고 하더라도 허조 같은 관리가 있는 한 별 의미가 없을 수도 있다. 그러나 억울함을 표현할 줄 알고 그럴 가능성이 있는 상황과, 그것이 아예 불가능한 상황은 하늘과 땅 차이이다. 훈민정음은 바로 그 가능성을 열어 놓았다는 데 근본 가치가 있다. 이렇게 보면『훈민정음 해례본』서문에서, 억울한 백성들의 표현 문제를 왜 언급했는지 충분히 이해할 수 있다.

왕조의 정당성 및
표준 발음

왕조의 정당성 홍보: 『용비어천가』

창제자들이 밝힌 주요 문건에는 드러나 있지 않지만 꼭 짚고 넘어가야 할 동기가 있다. 왕조의 정당성 알리기와 한자음 정리의 필요성이 그것이다.

세종은 훈민정음으로 백성들에게 삼강오륜만을 알리고 배우게 하려 한 건 아니었다. 나라를 세운 지 얼마 되지 않았으므로 새 왕조의 정당성을 제대로 알리고 싶었다. 이른바 왕조의 정당성을 125장으로 노래한 『용비어천가』로, 1445년 3월 4일에 권제 등이 열 권으로 저술했다. 실제 출판은 훈민정음 반포 다음 해인 1447년에 이루어졌다. 이 책은 훈민정음으로만 된 것은 아니다. 2장을 제외하고는 국한문 혼용이고 주석 풀이는 한문이다. 몇몇 장을 살펴보자.

제1장

海東해동 六龍육룡이 ᄂᆞᄅᆞ샤 일마다 天福천복이시니 古聖고성이 同符동부

ᄒᆞ시니

제2장

불휘 기픈 남ᄀᆞᆫ ᄇᆞᄅᆞ매 아니 뮐ᄊᆡ 곶됴코 여름 하ᄂᆞ니

시미 기픈 므른 ᄀᆞᄆᆞ래 아니 그츨ᄊᆡ 내히 이러 바ᄅᆞ래 가ᄂᆞ니

제73장

生靈생령이 凋喪조상ᄒᆞᆯᄊᆡ 田租전조ᄅᆞᆯ 고티시니 七姓亂後칠성란후에 致

治치치에 爲위ᄒᆞ시니

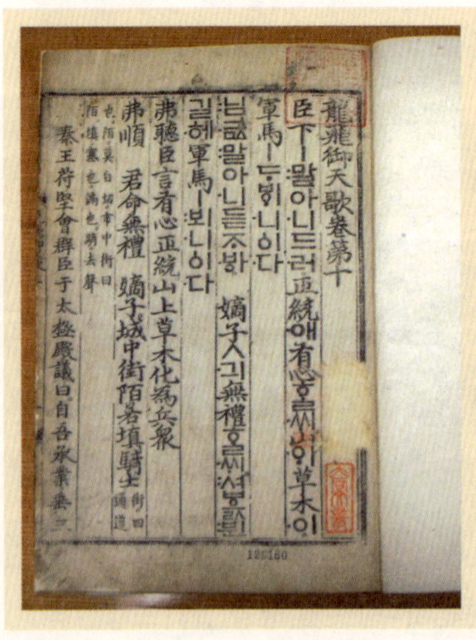

고려를 무너뜨리고 세운 새 왕조 조선의 정당성을 적극적으로 알리기 위해 세종은 10권, 125장으로 이루어진 『용비어천가』를 짓게 했다.

寇攘구양이 毒痛독통ㅣ어늘 田制전제를 고티시니 僞氏黜後위씨출후에 中興중흥을 위ᄒᆞ시니

제125장

千世천세우희 미리 定정ᄒᆞ샨 漢水北한수북에 累仁開國누인개국ᄒᆞ샤 卜年복년이 ᄀᆞ업스시니

聖神성신이 니ᅀᅳ샤도 敬天勤民경천근민ᄒᆞ샤ᅀᅡ 더욱 구드시리이다

님금하 아ᄅᆞ쇼셔 洛水낙수예 山行산행가이셔 하나빌 미드니이가

세종은 이 작품을 치밀하게 준비했다. 훈민정음 창제 공식 발표 1년 전인 1442년 3월 1일 세종은 『용비어천가』를 짓고자 경상도·전라도 관찰사에게 자료 수집을 명했다. 문자 창제 전에 이런 준비를 했다는 건, 문자를 구상하는 초기 단계에서 이미 문자의 용도를 깊이 생각했음을 보여 준다. 이 시가는 태조, 태종 등의 선대왕뿐만 아니라, 그 위 4대조(목조, 익조, 도조, 환조)를 통해 새 왕조를 세울 수밖에 없는 필연성을 노래하고 있다.

그러나 왕조의 정당성에 대한 홍보의 필요성은 주요 동기라고 보기 어렵다. 핵심 문건에 직접 밝히지 않았을 뿐 아니라, 절대 왕권 시절에 새 왕조의 정당성을 일반 백성들에게 시시콜콜 설명하기 위해 새 문자까지 창조했다고 보기는 어렵기 때문이다. 또한 『용비어천가』는 위 시가 풀이를 한문으로 한 것으로 보아, 하층민을 위한

작품이라기보다 양반 사대부를 염두에 두고 상징 효과를 노린 것이었다. 세종은 훈민정음으로 된 최초의 문서를 왕조의 정통성을 기록한 것으로 정했다. 이는 훈민정음 창제의 정당성뿐만 아니라, 사대부들의 반발을 무마할 수 있는 결정적 장치를 마련해 놓은 것이다. 이러한 세종의 노력 덕분에 후대 왕들이 『용비어천가』를 지속적으로 간행·반포하고 과거 시험에도 활용함으로써, 훈민정음 보급 측면에서 큰 성공을 거두었다.

표준 발음의 원대한 꿈: 한자음 정리

세종이나 공동 연구자들이 한자음 정리와 훈민정음 창제의 관계를 언급한 적은 없다. 다만 그 당시 중국 문화를 적극적으로 받아들이다 보니 혼란스런 한자음이 문제가 되었다. 강력한 정책과 교육에 의해 표준 발음을 보급하는 현대에도 발음이 늘 문제가 되는 터에 그 당시는 더욱 심했을 것이다. 한자음과 차원은 다르겠지만 토박이말 역시 마찬가지였을 것이다.

한자음 정리는 두 가지 측면에서 필요했을 것이다. 하나는 새로운 문자를 만들기 위해서는 기존 발음에 대한 정확한 분석과 표준화가 필요했다. 그래야 문자를 만들 수 있기 때문이다. 또한 중국의 한문 책에 의해 주요 지식을 습득하는 터에 한문 책을 제대로 읽기 위해서도 한자음 정리가 필요했다.

그리고 일상 한자어를 적기 위해서라면 그것은 당연한 절차이므

로 별 문제가 되지 않는다. 『훈민정음 해례본』이나 이를 언해한 책
에 다음과 같은 비현실적인 한자음 적기가 매우 중요하게 나타나기
때문이다.

(1) 중국 원음에 가깝게 표기. 中듕國귁, 便뼌安한

(2) 삼성三聲(초성, 중성, 종성)을 고루 갖추기 위해 종성에 형식적
인 글자(발음이 안 되는 글자) ㅇ, ㅱ 등을 사용. 世솅宗종, 斗듷ㅸ字
쭝, 快쾡ㆆ字쭝

(3) ㄹ종성의 한자음에 모두 ㆆ를 나란히 적어 그 발음이 입성임
을 표시. 戌슗, 佛뿛

이런 발음 문제를 체계적으로 기술한 책이 『동국정운東國正韻』이
었으므로 이들을 '동국정운식 한자음'이라 부른다. '동국'은 우리
나라를 뜻하지만, 그렇다고 여기에 쓰인 음이 당시 실제로 쓰인 건
아니었다. 또한 중국 발음과 똑같은 것도 아니었다. 중국식 원음에
가깝게 정한 추상적·이상적 한자음이라, 사실 중국과 한국 모두에
서 쓰이지 않던 소리이다. 여기서 중요한 점은 중국 음을 따른 게 아
니라는 것이다. 어떤 소리든 적기 위한 노력이나 과정으로 보아야
한다. 이렇게 보편적 소리를 적기 위한 노력을 기울였기에, 사람의
소리를 세계에서 가장 폭넓게 적을 수 있는 문자가 나올 수 있었다.
『동국정운』은 세종 29년(1447년) 9월 신숙주에 의해 편찬이 완성

되고 그 다음 해인 세종 30년(1448년)에 간행된 최초의 음운서이므로 대단히 중요한 의미가 있다. 이 책은 훈민정음 창제 후 당시 한자음이 그릇된 것을 보고 이를 고치고 정리하기 위해 여러 운서를 편집해 완성한 것이다. 운서 연구에 관심이 많았던 세종은 당시의 한자음이 어법에 맞지 않다고 생각했다. 또한 명나라가 『홍무정운』이라는 운서를 편찬해 한자음을 통일하자 더욱더 자극을 받았을 것이다.

『동국정운』은 최초의 '한자음 통일안'에 해당하는 것으로, 조선 한자음 표준 사전의 성격을 지녔다. 당시 명나라에서 펴낸 『홍무정운洪武正韻』(1375)의 한자 발음을 훈민정음으로 표기한 『홍무정운역훈洪武正韻譯訓』, 이를 줄인 소자전인 『사성통고四聲通攷』 등은 훈민정음을 통해 중국 음(특히 북방음)에 가장 가깝게 표기하고자 하는 노력에서 나온 것이다. 이에 비해 『동국정운』은 기준이 없이 쓰이던 조선의 한자음을 통일하려는 의도로, 『훈민정음 해례본』의 완성과 더불어 그것을 이용해 체계화한 운서이다.

집필의 최종 책임자인 신숙주가 지은 서문에 보면, "하늘과 땅이 화합하여 조화가 통하니 사람이 생기고, 음과 양이 서로 만나 기운이 맞닿으매 소리가 생기나니"라고 하여, 소리의 보편성을 강조했는가 하면, "대저 음이 다르고 같음이 있는 것이 아니라 사람이 다르고 같음이 있고, 사람이 다르고 같음이 있는 것이 아니라 지방이 다르고 같음이 있나니, 대개 지세가 다름으로써 풍습과 기질이 다르

며, 풍습과 기질이 다름으로써 호흡하는 것이 다르니, 동남 지방의 이와 입술의 움직임과, 서북 지방의 볼과 목구멍의 움직임이 이런 것이어서, 드디어 글 뜻으로는 비록 통할지라도 성음으로는 같지 않게 된다. 우리나라는 안팎 강산이 나름대로 한 구역이 되어 풍습과 기질이 이미 중국과 다르니, 중국 음과 호흡이 어찌 서로 합치될 것이랴. 그러한즉, 말의 소리가 중국과 다른 것은 당연한 이치이고, 글자의 음에 있어서는 마땅히 중국 음과 서로 합치될 것 같으나, 호흡의 돌고 구르는 사이에 가볍고 무거움과 열리고 닫힘의 동작이 반드시 말의 소리에 저절로 끌림이 있어서, 이것이 글자의 음 또한 따라서 변하게 된 것이니"라고 하여, 소리의 특수성을 언급하고 있다.

이렇게 『동국정운』은 소리의 보편성과 특수성을 아우르고 있는데, 이는 소리 표현이 넓은 훈민정음이기에 가능했다. 1448년 10월

17일에 세종은『동국정운』을 각 도와 성균관과 학당에 나눠 주면서 "본국의 인민들이 속운俗韻(현실 발음)을 익혀서 익숙하게 된 지 오래이므로 갑자기 고칠 수 없으니, 억지로 가르치지 말고 배우는 자의 의사에 따라 하게 하라." 했고, 나중에는 과거 시험으로까지 채택한다. 이 책을 세종이 직접 기획했다는 기록으로 보아, 대단히 중요하게 여겼음을 알 수 있다.

『훈민정음 해례본』에서 오늘날에는 조금 생소한, 소리의 높낮이인 평성·거성·상성·입성을 규정한 것도 표준 발음의 이상을 구현하려는 노력으로 볼 수 있다. 곧 평성은 처음과 끝이 한결같이 부드럽고 낮은 소리로 '활'과 같이 점 없이 나타냈고, 거성은 처음과 끝이 한결같이 높고 씩씩한 소리로 '·칼'과 같이 해당 글자의 왼쪽 가운데에 점 하나를 찍어 표시했다. 상성은 처음은 낮으나 끝은 들려서 높아지는 소리로 ':돌'과 같이 왼쪽에 점 두 개를 찍어 나타냈고, 입성은 촉급하게 빨리 끝달리는 소리 '붇'과 같이, 점이 없는 것은 평성과 같지만 주로 받침을 통해 알 수 있다.

사실 소리의 높낮이가 없는 언어는 없다. 다만 중국 말처럼 그 높낮이가 의사소통에 매우 중요한 언어가 있는가 하면, 우리말처럼 그다지 변별 기능을 못하는 언어도 있다.『훈민정음 해례본』의 설명이나 그 당시의 언어 쓰임새를 연구해 보면 15세기 우리말은 성조 언어였음을 알 수 있다. 다만 중국 말처럼 필수 요소가 아니었고 그만큼 엄격하지 않았기에 점차 사라져 오늘날 경상도 방언 등에만 남아 있다. 중요한 점은 훈민정음 덕분에 15세기 사람들의 말의 가락을 들을 수 있다는 것이다.

2. 훈민정음 창제 목표 달성의 배경

진정한 대들보만이 제대로 된 집을 세운다

뛰어난 언어학자이자
조직가 세종

세종은 어떻게 훈민정음 창제에 성공할 수 있었을까. 아무리 동기와 목적이 좋아도, 목표를 실제로 이룰 수 있는 능력이나 여건이 없다면 불가능했을 것이다. 이는 또한 임금이 백성을 아끼는 마음이 투철하다고 해서 해결될 문제가 아니었다. 기발한 아이디어로 해결될 문제는 더더욱 아니었다. 그렇다면 새 문자 창제가 가능했던 실질 배경은 무엇이었을까?

가장 중요한 점은 세종이 언어 문제를 해결할 수 있는 뛰어난 통합 언어학자이자, 가능한 모든 시스템을 구축해 나간 치밀한 프로젝트 책임자였다는 것이다. 또한 치열하게 노력한 천재였다는 점이다. 그렇다면 훈민정음 창제(1443년)가 세종 통치기의 막바지에 이루어졌음에 주목할 필요가 있다. 세종은 1397년에 태어나 스물두 살 때인 1418년 왕위에 올랐다. 그로부터 25년 뒤인 1443년에 훈민정음

세종이 태어난 곳을 알리는 표석(서울시 종로구 통인동).

을 창제했다. 3년 뒤인 세종 28년(1446년)에 그 해설책을 완성해 알렸고, 4년 뒤인 세종 32년(1450년) 쉰네 살에 운명했다. 이는 온갖 조건이 성숙된 다음에야 완벽한 문자가 만들어졌음을 의미한다. 즉 훈민정음 창제를 위한 제반 여건이 갖추어진 다음에야 실제 문자가 완성되었고, 그로부터 3년 동안의 검증을 거쳐 반포되었다. 가장 완벽하고 우수한 시스템 문자가 되기 위한 과정이 충분했던 것이다.

그 직접적인 여건은 언어학의 발달, 과학의 발달, 인쇄술의 발달, 음악의 발달로 추릴 수 있다. 교화가 필요하다고 해서 문자가 쉽게 만들어지는 것은 아니므로, 이런 여건의 성숙을 충분히 고려하지 않는다면, 왜 그렇게 완벽에 가까운 문자가 완성되었는지를 설명해 내지 못한다.

 28자로 이룬 문자혁명 훈민정음

언어학의 발달과
새 문자 창제의 기반 조성

세종이 언어학에 관한 논문이나 저술을 남기지 않아, 과연 그가 어느 정도의 언어학자였는가가 논란이 되어 왔다. 『훈민정음 해례본』의 핵심인 '예의' 부분은 직접 썼지만, 자세한 '해설' 부분은 신하들에게 집필하게 함으로써 이런 의혹을 더욱 키웠다. 그래서 심지어는 훈민정음을 집현전 학자들과 세종의 공동 창작으로 보기까지 한다. 그러나 우리는 훈민정음 창제의 동기와 목적을 통해 세종이 훈민정음 창제를 주도했음을 알 수 있었다. 그렇다면 훈민정음 자체가 세종이 대단히 뛰어난 언어학자라는 증거가 된다. 왜냐하면 훈민정음은 현대 언어학으로 보아도 최고 수준을 보여 주고 있기 때문이다. 물론 이 때의 언어학은 문자와 관련된 것이므로 음성학과 음운학, 문자학을 가리킨다. 음성학에서 중요한 것은 물리적인 소리 세계를 객관적으로 관찰하고 분석해 내는 일이다. 훈민정음은 발음기관을 실제 해부하여 밝혀 놓은 것처럼 정확히 관찰해 냈다. 또한 음운학의 핵심은 음운의 분류와 체계화이다. 4장에서 자세히 논의되지만, 문자의 과학성은 음운의 과학적 분석과 분류 없이는 불가능하다.

세종의 언어관은 성리학적 언어관이라 부르지만 그 이상의 통합 언어관을 보여 준다. 이는 천지자연에 공통된 보편성을 따르면서도, 지역마다 풍속과 문화가 다르다는 차이를 존중하는 언어관이다. 그래서 과학적인 소리 문자를 만들었고(보편성), 중국과 다른 언어 분석을 해 냈다(특이성). 세종은 성리학을 우리 삶에 적용하면서, 정치적 사대주의와 선을 그으면서 학문의 보편성과 실용성을 제대로 받아들인 것이다.

그 당시 언어학은 소리에 관한 '운학'과 문자에 관한 '문자학'으로 크게 나눌 수 있다. 세종은 이러한 학문에 관한 중국 책들을 철저히 연구했고, 이두 사용의 전통에서는 우리말에만 발달되어 있는 조사, 어미 등의 쓰임새에 주목했다.

세종 이전에 이미 『사성보四聲譜』, 『절운切韻』, 『절운지장도切韻指掌圖』, 『광운廣韻』, 『예부운략禮部韻略』, 『증운增韻』, 『평수신간략운平水新刊略韻』, 『중원음운中原音韻』, 『고금운회古今韻會』, 『고금운회거요古今韻會擧要』, 『몽고운략蒙古韻略』, 『홍무정운洪武正韻』과 같은, 소리와 발음에 관한 음운서가 들어와 있었다. 이 밖에도 문자와 관련된 『통지通志』, 『성리대전性理大全』과 같은 총서, 『설문設文』, 『옥편玉篇』, 『대광

익회옥편大廣益會玉篇』, 『옥해玉海』 등의 사전도 있었다.

　세종은 운서와 총서, 사전류를 모두 철저히 연구했을 것이다. 훈민정음 반포 1년 전인 1445년 1월 7일, 집현전 부수찬 신숙주와 성균관 주부 성삼문, 동시 통역사 손수산을 요동에 보내 운서를 질문하여 오게 했다는 기록은 너무도 유명하다. 얼마나 노력했던지, 운명하기 몇 달 전까지도 운서를 연구한 기록이 남아 있다. 그러니까 54세 때인 1450년 운명하기 석 달 전에, 훈민정음 창제와 반포가 끝나고 4년이나 흘렀는데도, 위 세 사람에게 명하여 한양에 온 사신에게 운서에 대해 묻게 했던 것이다. 그 자리에 정인지도 함께 있었다. 이는 세종이 당대의 언어학자로서 언어학 연구를 지휘하고 있었음을 말해 준다. 이러한 기록들은, 세종이 훈민정음 반포 전이나 후나 일관되게 언어학 연구에 매진했음을 보여 준다.

　사신이 말하기를,

"이분들(신숙주, 성삼문)은 무슨 벼슬을 하고 계십니까?"

하니, 김하(우리 측 영접 수석 대표)가 말하기를,

"모두 승문원 관원이고, 직책은 부지승문원입니다."

하고, 수산을 가리키면서

"동시 통역사입니다."

하였다. 정인지가 말하기를,

"우리나라가 중국과 멀리 떨어져 있어서 음을 바로잡으려 해도 스승

태종 2년(1402년)에 그린 세계 지도 〈혼일강리역대국도지도〉 위에 표시해 본 성삼문, 신숙주가 자주 찾았던 요동 지역.

이 없어 배울 수 없고, 중국의 음은 처음에 쌍기 학사에게서 배웠는데, 그 역시 복건주福建州 사람입니다.”

한즉 사신이 말하기를,

“복건 땅의 음이 정히 이 나라와 같으니 이로써 하는 것이 좋겠소.”

하였다. 김하가 말하기를,

“이 두 사람이 대인에게서 바른 음을 배우고자 하니, 가르쳐 주시기 바랍니다.”

하였다. 삼문과 숙주가 『홍무운洪武韻』을 가지고 한참 동안 강론하였

  28자로 이룬 문자혁명 훈민정음

다.

— 『세종실록』 세종 32년(1450년) 윤 1월 3일자

또 최만리가 훈민정음 반포 두 해 전인 1444년에 반대 상소를 올렸을 때, 세종은 이렇게 호통치지 않았던가.

너희들이 운서를 아느냐. 사성과 칠음이, 자음과 모음이 몇인지나 아느냐. 만일 내가 운서를 바로잡지 않으면 누가 바로잡을 것이냐.

음성학, 음운학에 관한 풍부한 지식을 바탕으로, 그에 대한 전문성을 보여 주는 호통이다. 운서를 바로잡는다는 건 중국의 운서를 그대로 따르지 않았다는 것이다. 그래서 우리식 운서인 『동국정운』을 펴내게 한 것이다. 바로 이 책은 당시 소리에 관한 언어학의 꽃이다. '동국'은 조선을 가리키니 조선의 바른 소리에 관한 책이다. 현실 발음보다 이상적인 발음을 더 많이 다루었지만, 당시 우리 언어학의 수준이 꽤 높았음을 보여 준다. 그러니까 1450년의 위 기록은 사신에게 이 책에 대한 자문을 구하러 간 것이라 볼 수 있다. 그래서 신숙주, 성삼문 등이 세종이 죽은 후에 번역해 펴낸 『홍무정운역훈』이라는 책에서도, "우리 세종 장헌대왕께서 운학에 뜻을 두고서 그 밑바탕을 깊이 연구하시어 훈민정음 몇 자를 창제하셨다."고 기록하고 있다.

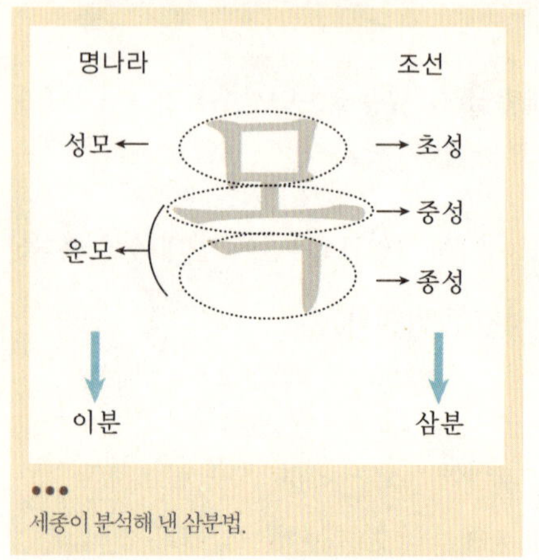

세종이 분석해 낸 삼분법.

이런 언어학의 기반이 있었기에, 종래의 중국에서, 한 음절을 성모와 운모로 이분하여 본 것과 달리, 초성·중성·종성의 삼분 체계를 세울 수 있었다. 중국식 이분법에 따르는 표음 방식은 반절법으로, 文자는 無[mu] + 分[pun] → [mun]이 된다. 그러나 훈민정음에서는 운모를 다시 중성과 종성으로 분해하여, 우리말에 가장 적합한 삼분법을 창안한 것이다.

문자에 관한 책으로는, 중국의 정초鄭樵가 지은, 한자를 만든 원리를 설명한 『통지通志』 34권 「육서략六書略」에 있는 '기일성문도起一成文圖' 등을 철저히 연구한 것으로 보인다. 이 책은 '一'와 같은 기본 획을 사방팔방으로 변형해 새로운 문자를 만들어 내는 원리를 담고 있기 때문이다. 그래서 많은 학자들은 『훈민정음 해례본』 정인지 서문에 나오는 "상형이자방고전象形而字倣古篆(모양을 본떴으되 글자는 옛 전자를 닮았다)과 같은 구절에서 '전자'를 모방했다는 것을 바로 이런 한자를 만든 원리를 참고했다는 뜻으로 해석한다.

문자학은 조선왕조 초기인 태조 때부터 이미 양반 사대부들의 주요 학문 분야였다. 태조 2년(1393년) 10월 27일자(음력) 실록 기록에 따르면, 양반 자제들에게 6학을 배우게 했는데, 1학이 병법학兵學, 2학이 법률학律學, 3학이 문자학字學, 4학이 번역학譯學, 5학이 의학醫學, 6학이 산학算學(산수)이었다. 태종 6년(1406년)에는 10학으로 바꿨는데, 유학, 무예학, 관리학, 음악학 등이 추가되었다. 무척 실용적인 학문들로 구성되었음을 알 수 있다. 이 때의 문자학은 글자체를 연구하는 학문으로, 이런 문자학을 장려하는 기록이 『세종실록』에 여러 군데 나온다. 글자체는 비석 같은 데 쓰는 큰 글자체(대전大篆)와, 책 같은 데 쓰는 작은 글자체(소전小篆) 등을 말하는데, 세종은 이런 글자체를 연구하면서 세심한 문자 변용의 암시를 얻었던 것으로 보인다.

이 밖에도 세종은 그의 꼼꼼한 연구 태도로 볼 때, 당시 조선에 알려진 모든 문자를 세밀하게 연구했을 것이다. 특히 당시 대표적인 음운문자였던 인도의 산스크리트 문자나 몽골의 파스파 문자도 많이 참조했을 것이다. 특히 파스파 문자에서 초성자와 종성자가 같은 것은 세종이 초성자와 종성자를 같은 글자로 만드는 데 많은 영향을 끼쳤으리라고 추측하기도 한다. 세종이 어떤 글자를 많이 참조했든 그것이 훈민정음의 독창성에 문제가 되는 건 아니다. 훈민정음의 문자 체계와 효율성은 기존의 그 어떤 문자와도 차원이 다르기 때문이다.

이런 관심 또한, 언어의 근본 특징에 대한 세종의 세심한 감각과 능력에서 비롯되었다. 먼저 세종 14년(1432년) 1월 7일자에 동시 통역사들의 중국 현지 연수 문제를 논의하는 대목을 주목해 볼 필요가

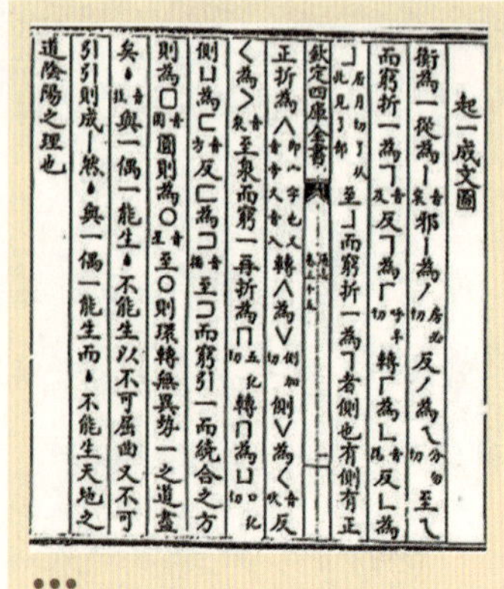

『통지』에 실려 있는 '기일성문도'.

있다. 세종이 신하들에게 "통사(동시 통역사)로 요동(라오둥)에 간 자에게는 그대로 머물러 있으면서 중국어(한어)를 제대로 연수하게 하는 것이 유익하지 않겠는가." 하고 묻는다. 허조가 답하기를, "통사 등이 공관에 묵고 있으니 오래 머무르기가 어렵습니다. 어찌 널리 중국어를 들을 수 있겠습니까. 지금 승문원을 설치하고 이두문을 전공하게 하나 그 효과를 얻지 못하고 있습니다. 이두문으로서 본받을 만한 것은 주자소로 하여금 인쇄하게 해서 항상 승문원의 관리들이 독학하게 하고, 더불어 학관청學官廳을 세워 학생들이 태만하지 않게 하소서."라고 말한다. 이에 대해 세종은 "대개 말이라는 것은 굽고 꺾인 데를 통변하게 하는 데에 맛도 있고 의미도 있는데, 지금의 통사 등은 대충 그 대강만을 말할 뿐이고 그 굽고 꺾인 곳을 통변하지 못하니 한스러운 일이다."라고 했다. 이 마지막 구절은 세종이 언어에 대한 관심과 더불어, 언어의 근본적인 속성을 꿰뚫는 힘이 있음을 보여 준다. 언어마다 말맛이 다르니, 그것을 제대로 옮겨야 진정한 동시 통역사라는 것이다. 이러한 말맛이야말로 언어의 근본이고 삶이고 현실이기 때문이다. 실용주의 학자로서, 실용 군주로서 세종의 진면목이 드러난 기록이다.

   28자로 이룬 문자혁명 훈민정음

음악 발달과 문화 자주
의식, 소리 연구의 기초

　　　　　　　세종은 작곡가이자, 음악 기획자이자, 뛰어난 음악 마니아였다. 왕자 시절, 풍류의 대가인 큰형 양녕에게 거문고와 가야금을 가르칠 만큼 어려서부터 음악에 싹을 보였다. 그래서 실록은 "임금이 잠저에 있을 때부터 거문고와 비파, 그림에 정통하지 않은 것이 없었다."고 했다(세종 7년 5월 3일자). 틀림없이 이런 남다른 음악 능력과 취향이 훈민정음 창제에 직접적인 영향을 미쳤을 것이다. 중국의 음악과 다른 조선의 음악은 말소리와 문화의 차이에 대한 인식을 더욱 부채질했을 것이고, 소리에 대한 섬세한 감각은 정확한 말소리 분석에 도움을 주었을 것이다.

　세종이 훈민정음 창제에 성공할 수 있었던 것은 근본적으로 그에게 탁월한 음악 능력이 있었기 때문이다. 음성 실험 기구와 언어학 방법론이 발달되지 않은 상태에서는 소리에 대한 감각과 능력이 필

음악에 조예가 깊었던 세종은 음에 대한 탁월한 감각을 가지고 있었다. 1433년 근정전에서 벌어진 회례연 자리에서 편경의 소리가 정확하지 않다는 사실을 지적해 내, 박연을 비롯한 신하들을 깜짝 놀라게 했다. 〈자음도〉. 세종대왕기념사업회 소장.

수적이기 때문이다. 세종은 이미 즉위 원년(1418년)에 변계량에게 〈천권동수지곡天眷東陲之曲〉 등의 악장을 짓게 한다. 28세 때인 1424년에는 악기도감을 통해 생황·화和(생황과 비슷한 악기)·우竽 등의 악기 제작에 관여하기도 한다. 그 다음 해에는 박연의 건의에 따라 음악 책을 편찬하게 한다. 이 밖에도 음악 관련 기록은 너무도 많다.

그의 뛰어난 음악 능력에 관한 실록의 기록은 마치 드라마의 한 장면 같다. 훈민정음 창제 10년 전인 1433년 1월 1일자 기록에 따르면, 근정전에서 회례연(설날이나 동짓날에 모든 신하들이 모여서 임금에게 배례한 후에 베풀던 잔치)이 화려하게 벌어진다. 이 때 악기에 관한 토론이 있었다. 음악 책임자인 박연과 신하들 사이에 중국 악기를 조선식으로 개조한 편경에 대해 논쟁이 벌어졌다. '편경編磬' 은 돌이나 옥으로 갈아 만든 경쇠를 엮은 악기인데, 세종이 편경 연주를 듣고 나서 "중국 편경의 경쇠는 소리가 조화롭지 아니한데, 우리가 만든 편경의 경쇠는 옳게 된 것 같다. 경석이란 돌을 얻어 이런 소리를 듣게 되었으니 이 얼마나 다행인가. 소리가 매우 맑고 아름다우며, 12율(한 옥타브를 12로 나눈 것)을 만들어 음을 섬세하게 한 것도 놀라우니 내 어찌 기뻐하지 않겠는가. 그런데 어찌된 일이냐. 9번째 매가 내는 소리가 약간 높지 않느냐?" 하고 묻는다. 세종의 이 말을 음악 총감독인 박연이 듣자마자 몹시 놀란다. 자신도 뭔가 이상했던 것이다. 득달같이 살펴보더니, 실제 이상을 발견하고 말하기를, "다 갈지 아니한, 가늠한 먹이 아직 남아 있어서입니다."라고 아뢴다. 다 말랐다고 해서 연주를 했는데, 먹물이 살짝 남아 있었던 것이다. 박연이 즉시 물러나 먹이 남아 있는 부분을 갈아 없애자 소리가 곧 바르게 되었다고 한다. 이 정도면 소리를 듣는 세종의 능력이 절대 음감에 가깝지 않은가.

세종의 청음 능력이 이 정도였으니, 세종 31년(1449년) 기록에, "임금은 음률을 깊이 깨닫고 계셨다. 새 음악의 리듬은 모두 임금이 제정하셨는데, 막대기를 짚고 땅을 치는 것으로 음의 리듬을 삼아 하루저녁에 제정하셨다."고 한 말이 결코 과장이 아니었다.

오늘날같이 음성기관과 발음 작용을 객관적으로 검증해 낼 수 있는 기계 장치가 없었던 그 당시에 정확한 소리 인식에 도움을 주는 것이 청음 능력임은 두말할 필요가 없다. 세종의 이런 음악 능력은 새 문자 설계에서 매우 큰 역할을 했다. 실제로 한태동 교수의 연구에 따르면, 궁상각치우 음계와 훈민정음의 다섯 음 계열(아설순치후)이 일치한다고 한다. 정인지도 그의 서문에서, 훈민정음이 소리를 따랐으되 음은 일곱 가락에 들어맞는다고 했다. 또한 글자의 소리로는 맑고 흐림을 잘 가릴 수 있고, 풍악의 노래로는 곡조와 가락이 잘 고루어져서, 쓰기에 갖추지 않은 소리가 없다고 했다. 따라서 어떤 경우에라도 두루 통하고, 바람 소리와 학의 울음 소리와 닭 홰치는 소리와 개 짖는 소리까지도 모두 적을 수 있다고 했다.

이런 세종의 음악 재능이 음악적 주체성으로 이어졌기에 자주적인 문자 창제가 가능했던 것이다. 세종 7년(1425년) 10월 15일자 기록에 따르면, 임금이 이조판서 허조에게 "우리나라는 본디 향악(한국 고유의 음악)에 익숙한데, 종묘의 제사에 당악을 먼저 연주하고 삼헌(제사 때 술잔을 세 번 올리는 일)할 때에 이르러서야 겨우 향악을 연주하니, 조상 어른들이 보통 때 들으시던 음악을 쓰는 것이 어떨지, 맹사성과 더불어 상의하라."고 말한다.

또 세종 12년(1430년) 9월 11일, 어전 회의에서 세종은 신하들에게 이르기를, "아악(중국식 제사 음악)은 본시 우리나라의 음색(소리 빛깔)이 아니고 실은 중국의 음색인데, 중국 사람들은 평소에 익숙하게 들었을 것이므로 제사에 연주해도 마땅할 것이다. 우리나라 사람들은 살아서는 향악을 듣고, 죽은 뒤에는 아악을 연주하는 것이 과연 어떨까 한다. 하물며 아악은 중국 역대의 악기 제작이 서로 같지 않고, 황종(12율 가운데 가장 낮은 음)의 소리 또한 높고 낮음이 있으니, 이것으로 보아 아악의 법도는 중국도 확정을 보지 못했음을 알 수 있다."고 했다.

같은 해 12월 7일 경연에서 세종은 "박연이 조회의 음악을 바로 잡으려 하는데, 바르게 한다는 건 어려운 일이다. 중국의 음악책 『율려신서律呂新書』도 형식만 갖추어 놓았을 뿐이다. 우리나라의 음악이 비록 다 잘 되었다 할 수는 없으나, 반드시 중국에 부끄러워할 건 없다. 중국의 음악인들 어찌 바르게 되었다 할 수 있겠는가."라고 했다.

『훈민정음 해례본』의 신하 측 대표인 정인지가 이런 흐름에 힘입어 세종 12년(1430년) 『아악보』를 완성했다. 세종이 시켜 지은 그 서문에 보면, "음악은 성인이 성정性情을 기르며, 신과 사람을 조화롭게 하며, 하늘과 땅을 자연스럽게 하며, 음양을 조화시키는 방법이다. 우리나라는 태평한 지 40년을 내려왔는데도 아직까지 아악이 갖추어지지 못했다. 공손히 생각하옵건대, 우리 주상 전하께옵서 특별히 생각을 기울이시와 선덕宣德 경술년 가을에 경연에서 채씨蔡氏의 『율려신서』를 공부하시면서, 그 법도가 매우 정밀하고 높고 낮은 것이 질서가 있음에 감탄하시와 음률을 제정하실 생각을 가지셨으나, 다만 황종黃鍾을 갑자기 구하기가 어려워 그 문제를 중대하게 여기고 계셨다. 마침내 신 등에게 명하시와 옛 음악을 수정하게 하셨다."고 했다.

이 밖에 노래 가사에 대한 관심은 음악과 언어를 연결하는 아이디어를 제공했을 것이다. 1433년 세종은 경연에 나아가 『성리대전』 속의 "성음으로 귀를 수양하고 채색으로 눈을 수양한다."에 대해 토론한 뒤, 〈칠월시七月詩〉(농가월령가)를 만들라 지시한다. 세종에게는 음악을 장려하는 일과 농업을 장려하는 일이 같은 흐름이었던 것이다. 그래서 이렇게 말한다. "나는 〈빈풍칠월도〉(농업에 관한 그림)를 보고 농사짓는 일의 힘들고 어려움을 살펴 알게 되었다. 나는 보고 듣는 것을 넓혀서 농사일이 소중함을 약간 알지만, 자손들은 깊은 궁중에서 생장하여 논밭 갈고 곡식 가꾸는 수고로움을 알지 못하니, 그것이 탄식할 일이다. 예전에는 비록 궁중의 부녀자들이라도 모두

누에 치고 농사짓는 책을 읽었으니, 빈풍豳風을 모방하여 우리나라
의 풍속을 채집해 일하는 모습을 그리고 찬미하는 노래를 지어, 상
하 귀천이 모두 농사일의 소중함을 알고 후손들에게 전해 주어 영원
한 세대까지 보아 알게 하고자 하니, 너희들 집현전에서는 본국의
납세·부과금·부역·농업·잠업들의 일을 널리 채집해 그 실상을 그리
고, 거기에 노래로 찬사를 써서 우리나라의 〈칠월시〉를 만들라."고
했다.

같은 해 9월 12일에는 언어 수집에 관한 중요한 기록이 보인다.
예조에서 "성악의 이치는 시대 정치와 관계가 있습니다. 지금 관습
도감의 향악 50여 곡은 모두 신라·백제·고려 때의 민간 속어로서,
오히려 그 당시 정치의 잘잘못을 상상해 볼 수 있어 족히 권장할 것
과 경계할 것이 되옵는데, 본조가 개국한 이래로 예악이 크게 시행
되어 조정과 종묘에 아악과 송頌의 음악이 이미 갖추어졌사오나, 오
직 민속 노래들의 가사를 채집·기록하는 법이 마련되어 있지 않사
오니 실로 마땅하지 못하옵니다. 이제부터 고대의 노래 채집하는 법
에 의거해 각 도와 각 고을에 명하여, 노래로 된 악장이나 속어를 막
론하고 오륜五倫의 바른 법칙에 합당해 족히 권면할 만한 것과, 또
간혹 짝 없는 사내나 한 많은 여자의 노래로 바른 법칙에서 벗어난
것까지도 모두 샅샅이 찾아내 매년 세밑에 채택하여 올려 보내게 하
옵소서."라고 건의해 세종이 그대로 따랐다.

음악과 민속에 대한 이런 노력이 있었기에, 세종은 그 당시 우리

말의 속속들이를 사실적으로 파악할 수 있었다. 그래서 『훈민정음 해례본』'합자해'에서 시골말과 아이들의 말까지 적을 수 있는 섬세한 설명을 할 수 있었다. "'· ㅡ'가 'ㅣ'에서 시작되는 소리는 서울말에 쓰이지 않으나, 아이들의 말이나 시골말에 혹 있으매, 마땅히 두 자를 어울러 써야 할 것이니, 'ㄱㅣ ㄱㅡ' 따위와 같다. 그 세로(ㅣ)를 먼저 쓰고 가로(· ㅡ)를 뒤에 쓰는 것이 다른 것과 같지 아니하다."고 했다.

과학의 발달과
보편성의 확보

훈민정음은 현대 과학의 눈으로 보아도 손색이 없는 과학적인 문자이다(4장 참조). 세종이 아무리 뛰어난 언어학자라 해도 어떻게 이런 문자를 만들어 낼 수 있었을까 의문이다. 그렇다고 현대 과학이 15세기 조선에 흘러든 것도 아니다. 서양 근대과학의 할아버지 격인 갈릴레이는 100년이나 더 늦게 태어났고(1564~1642), 근대과학의 아버지인 뉴턴은 200여 년 뒤(1642~1727) 사람이다. 물론 근대 이전의 과학은 동양이 더 발달했다는 논의도 있으므로, 굳이 서양의 잣대로 세종 시대의 과학을 가늠해 볼 필요는 없을 것이다.

문제는 훈민정음 문자 짜임새가 아주 과학적인 실제 배경이 무엇이냐는 것이다. 그것은 발달된 과학 분위기나 실제 그런 사회 흐름이 있었기 때문이다. 실제로 세종 시대에 과학이 놀랄 만큼 발달했고 그러한 발달을 세종이 주도했다면, 당연히 그런 시대적 흐름이 훈민정음의 과학적 고안에 바탕이 되었음은 두말할 필요가 없다.

강우량을 측정하는 '측우기'는 바로 세종 시대 과학 업적의 상징물이자 대표적인 예다. 이는 훈민정음 창제 2년 전인 1441년에 발명되었다. 다시 말하면 훈민정음은 측우기와 같은 놀라운 과학적 성과가 나온 뒤에 창제되었던 것이다. 이는 측우기와 같은 과학적 업적을 이루어 낸 방법이나 노력이 훈민정음 창제에 어떤 식으로든 영향을 미쳤음을 보여 준다. 서양에서는 1639년 이탈리아 로마에서 가스텔리가 처음으로 측우기로 관측했다고 하니, 이 때의 과학 발달 수준을 객관적으로 가늠해 볼 수 있다. 이러한 세종 시대의 과학 발달 역시 철저한 민본주의에서 비롯되었다. 당시는 농민이 중심이었으므로 농업의 발전이야말로 국가의 뿌리였고, 농업의 발달은 과학의 발달과 가장 직접적인 관련을 맺었다.

세종의 과학 업적은 크게 두 가지로 갈라 볼 수 있다. 첫째, 시대와 신분을 초월하여 천재 과학자를 발굴해 그와 더불어 공동 연구를 진행했다는 점. 둘째, 그런 과정을 통해 중국의 선진 과학을 받아들여 그 이상의 성과를 냈다는 점.

장영실은 세종의 아버지인 태종이 발굴했지만 그를 뛰어난 기술자이자 과학자로 키우고 성과를 낸 이는 세종이다. 이것 역시 세종이 과학적 안목과 재능이 있었기에 가능했다. 세종은 이런 과학자들과 공동 연구를 했던 것이다.

세종 시대 과학의 백미는 자동 물시계의 발명이다. 이른바 '자격루'는 자동으로 시각을 알려 주는 물시계라는 뜻이다. 이 시계는 1434년, 훈민정음 창제 9년 전에 발명되었다. 시계의 발명은 다른 과학 기기의 발명보다 특별한 의미가 있다. 시계는 객관적이고 보편적인 자연의 세계를 파악하는 장치이기 때문이다. 물론 자동 물시계의 발명을 다른 과학 실험으로 연결하지 못해 큰 평가를 받지는 못했지만, 자동 물시계를 통해 얻을 수 있었던 규칙성과 과학성은, 기계 발명보다 더 정밀하고 엄밀한 훈민정음 창제에 어떤 식으로든 영향을 미쳤을 것이다.

물론 이런 쾌거는 태조 때부터 수학 공부를 장려했고 세종의 적극적인 의지가 있었기에 가능했다. 수학은 과학의 바탕이기 때문이다. 자격루가 발명되기 3년 전인 1431년 세종은 명나라에 유학생(김한, 김자안)을 보내 산법(산수)을 배우게 했다. 이 때(음력 3월 2일) 세종이 공조판서 정초에게, "우리나라 사람 가운데 산수算數에 밝아서 방원법方圓法을 상세하게 아는 자가 드무니, 내가 한자를 해득하고 한음漢音에 통한 자를 택해 중국으로 보내 산법을 습득케 하려고 하는데 어떤가." 물으면서, "산법이란 유독 역법에만 쓰이는 것이 아니다. 만약 병력을 동원한다든가 토지를 측량하는 일이 생긴다면 이를 버리고는 달리 구할 방도가 없으니, 원민생과 김시우로 하여금 동시통역사 중에서 총명한 자를 선발해 보고하게 하라."고 지시를 내렸다. 단지 수학이 역법과 같은 실용 분야뿐만 아니라 모든 분야에 두루 적용되는 근본원리로서의 쓰임새를 지적하고, 실제 유학까지 보내 배우게 한 것이다.

인쇄술의 발달과
문헌 보급 정책의 기반

우리나라를 이 정도로 발전시킨 가장 큰 힘은 교육에 대한 열정이라고 나라 안팎에서 흔히 애기한다. 하지만 그보다 더 근본에는 책에 대한 열정이 깔려 있다. 우리나라가 최초의 금속활자와 그 인쇄물을 가지고 있다는 것이 상징적인 증거물이다. 세종 임금의 어록에, 우리나라가 예로부터 문헌(책)의 나라라고 일컬어져 왔다는 기록이 있다. 앞서 수학 유학생을 명나라에 보내기로 한 날 세종은 "역서란 지극히 자세한 것이어서 일상생활에 쓰는 일들이 빠짐없이 갖추어 기재되어 있으나, 다만 일식·월식의 경위만은 상세히 알 길이 없다. 그러나 이는 옛날 사람들도 역시 몰랐던 모양이다. 우리나라는 비록 이에 정통하지 못하더라도 무방하긴 하나, 다만 우리나라를 예로부터 문헌의 나라로 일컬어 왔는데, 지난 경자년에 성산군星山君 이직李稷이 역법의 교정을 건의한 지

이미 12년이 되었거니와, 만약 정밀·정확하게 교정하지 못해 후세 사람들의 웃음거리가 된다면 하지 않느니만 못할 것이다. 마땅히 심력을 다해 정밀히 교정해야 할 것이다. 우리나라 사람 가운데 산수에 밝아서 방원법을 상세하게 아는 자가 드무니, 내가 한자를 해득하고 한음에 통한 자를 택해 중국으로 보내 산법을 습득케 하려고 하는데 어떤가." 하고 물었던 것이다.

인쇄술에 대한 끊임없는 노력과 그로 인한 발전은 출판 보급 정책의 직접적인 배경이 되었다. 문자는 출판 인쇄 문화가 뒷받침되지 않는다면 의미가 없다. 따라서 인쇄술의 발달과 훈민정음은 밀접한 관련을 맺을 수밖에 없다. 즉위 초인 세종 3년(1421년) 3월 24일에는 주자소에 술 120병을 내려 주는 등 자주 술과 고기를 하사했다고 한다. 그만큼 세종이 인쇄 출판 정책을 중시했음을 알 수 있다. 세종은 1435년 9월 12일에 궁 밖에 있던 주자소(조선 시대 활자를 만들던 곳)를 궁 안으로 옮겨 활자 개량 작업과 서적 출판을 직접 챙기고 이끌었다.

이는 세종이 책을 통한 교화를 선호한 데서 비롯되었다. 임금의 입장에서 보면 하층민만이 교화의 대상이 아니라 양반 역시 교화의 대상이었다. 본래 하층민 교화는 일종의 다단계 방식을 취했다. 먼저 양반을 교화하고 그들이 그 밑의 층을 교화하는 방식을 택했던 것이다. 그러나 세종은 그런 방식 외에 직접 교화를 꾀한 탓에 인쇄 출판 문화가 더욱 발전할 수 있었다.

조선 시대 활자를 주조하여 책을 인쇄하던 기관인 주자소는 활자 개량 작업과 서적 출판 등을 통해, 세종이 바랐던, 책을 통한 백성들의 교화에 적극 이바지했다. 지금도 주자소가 있던 서울 충무로 일대를 주자동이라 부른다.

세종이 인쇄에 얼마나 관심이 많았는지는 실록에 수록된 관련 기사 수를 통해서도 금방 드러난다. 모두 147건으로, 재위 기간이 길고 문화가 발달했던 영조 107건, 정조 109건보다 많다. 태종 때가 21건이었으므로 이 때 이르러 문화가 활짝 꽃피었음을 알 수 있다.

세종은 출판 인쇄의 근본을 확 바꾸는 효율적이고 실용적인 정책을 폈다. 활자 인쇄를 개선해 대량 인쇄의 길을 열었던 것이다. 이전에는 글자를 구리판(동판)에 벌여 놓고 누런 납을 끓여 부어 단단히 굳힌 뒤에 찍었다. 이런 방식은 납이 많이 들고, 하루에 찍어 내는 양이 두어 장에 불과했다. 이 때에 이르러 세종이 친히 지휘해 공조 참판 이천과 전 소윤 남급으로 하여금 구리판을 다시 주조하게 해 글자의 모양과 꼭 맞게 만들었다. 이렇게 하면 납을 녹여 붓지 않아도 글자가 이동하지 않고 더 바르고 선명해져 하루에 수십 장에서 수백 장을 찍어 낼 수 있었다.

『자치통감강목資治通鑑綱目』같은 역사책의 경우는 주자소에서 인쇄하고 집현전에서 교정해, 세종 2년(1420년) 겨울에 시작해 세종 4년(1422년) 겨울에 마쳤다. 세종이 활자 개선부터 출판까지 총지휘한 셈이다. 1422년 10월 29일에는 변계량에게 이 책의 발문을 짓게 했는데, 그 발문을 통해 세종이 왜 인쇄 문화에 그토록 정성을 기울였는지 알 수 있다. 이와 더불어 세종이 문자 문화에 관심을 가질 수밖에 없었는지 또한 드러난다.

주자鑄字를 만든 것은 많은 서적을 인쇄해 길이 후세에 전하려 함이니, 진실로 무궁한 이익이 될 것이다. 그러나 그 처음 만든 글자는 모양이 다 잘되지 못하여, 책을 박는 사람이 그 성공이 쉽지 않음을 병이 될 정도로 걱정하더니, 영락 경자년 겨울 11월에 우리 전하께서 이를 심려하사 공조참판 이천에게 명하여 글자 모양을 고쳐 만들게 하시니, 매우 정교하고 치밀했다. 지신사 김익정과 좌대언 정초에게 명해 그 일을 맡아 감독하게 해 일곱 달 만에 성공하니, 인쇄하는 사람들이 이를 편리하다고 했고, 하루에 인쇄한 것이 20여 장에 이르렀다. 삼가 생각건대, 우리 광효대왕(태종)이 앞에서 창작하시고 우리 주상 전하께서 뒤에서 계승하셨는데, 조리의 주도면밀함은 그전 것보다 더 나은 점이 있다. 이로 말미암아 인쇄하지 못할 글이 없어 배우지 못할 사람이 없을 것이니, 문화와 교육의 일어남이 마땅히 날로 앞서 나아갈 것이요, 세도의 높아감이 마땅히 더욱 성해질 것이다. 저 한나라, 당나라의 임금들이 단지 재물 이익과 군대 개혁에만 정신을 쏟아 이를 국가의 급선무로 삼은 것에 비교한다면 하늘과 땅의 차이뿐만이 아닐지니, 실로 우리 조선 만세에 한이 없는 복이다.

— 변계량, 『자치통감강목』 발문

따라서 수많은 책을 보급하면서 그 책의 진정한 효율성에 대해 많이 고민했을 것이다. 그리고 인쇄는 중앙에서만 한 것이 아니었다. 지방에서 직접 인쇄하기도 하고 지방에서 인쇄해 중앙으로 올리기도 했다. 세종 9년(1427년) 9월 11일자에 "전 판나주목사 황자후가 아뢰기를, '『향약구급방 鄕藥救急方』을 인쇄해 외방外方에 나누어서 생명을 구제하는 길을 넓히게 하소서.' 하니, 드디어 충청도로 보내 간행하도록 명했다."라는 기록이 있다.

그 다음 해 윤 4월 13일에는 세종은 경상도 감사에게 교지를 내리기를, "함길도·평안도 두 도는 토질은 좋건만, 무지한 백성들이 옛 습관에 얽매여 농사를 잘못 지어 땅의 생산력을 다 이용하지 못하므로, 가히 시행할 만한 좋은 법을 채용해 그들로 하여금 전해 익히게 하고자 한다. 갈고 심고 매고 거두는 법과, 오곡에 알맞은 토질과 잡곡에 번갈아 심는 농사법을 도내의 늙은 농부에게 물어, 요점을 모아서 책으로 만들어 올리도록 하라. 또 농서 1천 부를 국고의 양곡으로 종이와 바꿔서 인쇄하여 올리라." 했다.

이런 노력으로 세종 16년(1434년)에는 인쇄술이 크게 개선되었다
는 기록이 나온다.

　지중추원사 이천을 불러 의논하기를,
"태종께서 처음으로 주자소를 설치하시고 큰 글자를 주조하실 때,
조정 신하들이 모두 이루기 어렵다고 했으나, 태종께서 강력하게 밀
어붙여 모든 책을 인쇄하여 중외에 널리 폈으니 또한 거룩하지 아니
하냐. 다만 초창기이므로 제조가 정밀하지 못해, 매양 인쇄할 때를
당하면 반드시 먼저 밀蠟(꿀 찌끼 기름)을 판板 밑에 펴고 그 위에 글
자를 차례로 맞추어 꽂는다. 그러나 밀의 성질이 본디 부드러워 만든
활자가 굳지 못하여, 겨우 두어 장만 박으면 글자가 옮겨 쏠리고 많
이 비뚤어져서 고르게 바로잡아야 하므로, 인쇄하는 자가 괴롭게 여
겼다. 내가 이 폐단을 생각해 일찍이 경에게 고쳐 만들기를 명했더니
경도 어렵게 여겼으나, 내가 거듭 지시하여 경이 지혜를 써서 판을
만들고 주자를 부어 만들어, 모두 바르고 고르고 견고하여, 비록 밀
을 쓰지 아니하고 많이 박아 내도 글자가 비뚤어지지 않으니, 내가
심히 아름답게 여겼다. 이제 대군들이 큰 글자로 고쳐 만들어서 책을
박아 보자고 청하나, 내가 생각건대 근래 북쪽 정벌로 인해 병기를
많이 잃어서 구리쇠가 많이 필요하고, 더구나 이제 공장들이 각처에
나뉘어 일을 하고 있어, 일이 심히 번거롭고 많지마는, 이 일도 하지
않을 수 없다."

 　28자로 이룬 문자혁명 훈민정음

하고, 이천에게 명하여 그 일을 감독하게 하고, 집현전 직제학 김돈, 직전 김빈, 호군 장영실, 이세형, 사인 정척, 주부 이순지 등에게 일을 맡기고, 경연에서 소장한 『효순사실孝順事實』, 『위선음즐爲善陰騭』, 『논어』 등의 글자 모양을 본으로 삼아 주자 20여만 자를 만들어, 이것으로 하루에 40여 장을 박으니, 글자체가 깨끗하고 바르며, 일하기가 예전에 비해 갑절이나 쉽게 되었다.

— 세종 16년 7월 2일자

이 해 7월 16일, 세종은 "이제 큰 글자의 주자를 주조했으니 중한 보배가 되었다. 나는 『자치통감』을 박아서 중외에 반포해 노인들이 보기 쉽도록 하고자 하는데, 만약 종이 30만 권만 준비하면 500~600질을 인쇄할 수 있다. 종이와 먹을 준비하는 계책은 승정원에서 마련하라." 하였다.

인쇄도 결국 백성들을 위한 민본주의 차원에서 철저히 효율성을 추구했다. 이러한 실질적인 문화 조성이 있었기에 새로운 문자가 가능했던 것이다.

세종의 투철한 역사 의식과
통합 학문의 자세

역사가 세종을 만들었지만 그것은 또한 역사를 두려워하고 역사를 제대로 알고자 했던 세종이기에 가능했다. 민본주의에 철저했던 것 자체가 세종이 역사 의식에 투철했음을 보여 준다. 세종은 역사서 정리와 역사 공부를 게을리 하지 않았다. 즉위 초부터 역사서에 관한 세종의 관심이 자주 나온다. 중국의 역사책인 『자치통감』을 경학 위주의 경연에서 자주 언급할 정도였다. 그당시 역사책은 일종의 실용서로, 정통 학문 분야인 경학과는 배치되는 것이었다. 따라서 경연에서 이런 실용서를 자주 언급하는 것 자체가 관례에 어긋나, 비록 군왕이라도 쉽지 않은 일이었을 것이다. 이로써 세종의 역사 인식이 학문 차원에서만 이루어진 것이 아님을 알 수 있다.

이보다 더욱 중요한 것은 우리 역사에 대한 세종의 관심이다. 세종 6년(1424년) 11월 4일, "내가 일찍이 『삼국사략(동국사략)』을 보니, 신라에 일식이 있었는데 백제에서는 쓰지 아니하였고, 백제에 일식이 있었는데 신라에서는 쓰지 아니하였다. 어찌 신라에는 일식이 있는데 백제에는 없었다 하겠는가. 아마도 사관의 기록이 자상한 것과 간단한 것의 차이 때문인가 한다."라고 말했다.

이런 역사 의식은 멀리는 고대사까지 확대되어 민족에 대한 자주 정신으로 이어졌다. 곧 세종 9년(1427년) 8월 21일, "단군과 기자의 묘제를 다시 의논하고, 신라·고구려·백제 시조의 묘를 세워 제사 지내는 일을 모두 옛 제도를 살펴 상세하게 정하여 아뢰라."고 예조에 지시를 내렸던 것이다.

또 세종은 통치 기간 내내 『고려사』 편찬에 매달렸다. 세종은 즉위하던 해 12월 25일, 고려의 공민왕 이하의 역사 기록이 정도전 등 개국공신들에 의해 왜곡되어 실제 역사 기록과 다름을 알고 다시 쓸 것을 지시한다. 이로부터 재위 기간 내내 개정에 개정을 거듭했으나 완성을 보지 못하고 떠났다. 문종 1년(1451년)에야 비로소 기전체 『고려사』가 완성되고 다음 해에 편년체 『고려사절요』가 완성된다.

이러한 역사 인식은 우리 삶과 학문에 대한 통합적 인식이 없으면 불가능하다. 통합 학문의 힘이 있었기에 다양한 학문을 모두 민본주의라는 정치 이념으로 끌어올릴 수 있었던 것이다. 곧 그는 언어학자요, 음악학자요, 과학자요, 정치가였다. 그의 통합 학문 능력은, 여러 학문을 넘나든 내력도 중요하지만, 이론과 실천을 함께 중요하게 여겼다는 점이 더욱 중요하다. 세종 20년(1438년) 12월 15일, 경연에서 세종은 이렇게 말한다.

경서와 역사책은 체(본체,이론)와 용(작용, 활용)이 서로 필요로 하는 것이니 어느 한쪽으로 기울게 할 수는 없다. 그러나 지금 학자들은 경서를 연구하는 데 끌려 사학을 읽지 아니하고, 그 경서를 배우는 자도 제자백가가 주석한 것만 힘쓰고, 본문과 주자가 여러 사람의 주석을 모은 것은 연구하지 아니한다.

경서는 경전에 가까운 책이다. 경전은 무언가의 토대가 되는 뼈대이고 부동의 이론이다. 이에 비해 역사책은 살아 움직이는 피요 살인 실용적인 것이다. 이러한 두 가지 흐름이 서로 교차되고 섞여야 하는데, 당시 학자들은 경전 연구에만 매달린다는 것이다. 그것도 좀 더 맥락을 풀어 쓴 주자의 풀이보다, 좀 더 경직돼 있는 제자백가의 풀이에만 매달려, 세종이 이를 비판한 것이다. 세종이 다양한 학문을 넘나들며 훈민정음을 창제할 수 있었던 것도 다 이런 데서 비롯되었다. 따라서 경학파와 끊임없는 갈등이 있어, 주도면밀한 세종은 창제 전까지 창제 과정을 거의 비밀에 부칠 수밖에 없었을 것이다. 왕 마음대로 할 수 있는 세상이 아니었기 때문이다.

이렇게 보면 훈민정음 창제와 반포를 향해 모든 여건이 성숙되고 집중됨을 알 수 있다. 마치 마지막 결승 지점을 향해 모든 시스템이

    28자로 이룬 문자혁명 훈민정음

차곡차곡 완성되는 느낌을 준다. 이는 세종의 두 가지 능력에서 비롯된다. 그는 시대를 초월한 대사상가이자 통합학자였으며, 또한 시스템을 잘 이용하고 이끈 진정한 지도자였다.

3. 훈민정음 창제와 완성을 도운 사람들

최만리 반대 상소 덕에 자세히
드러난 훈민정음 창제 과정

훈민정음 창제의 동기와 목적,
배경을 통해 세종의 역할과 역량은 너무도 분명해졌다. 훈민정음을
세종이 단독으로 창제했느냐, 집현전 학자들과 함께 창제했느냐 하
는 논쟁은 이제 불필요하다. 창제는 세종이 했지만 최종 완성은 세종
과 수많은 사람들, 넓게는 역사가 가능하게 했다는 점이 중요하다.

훈민정음과 관련된 최초의 기록은 1443년 12월 30일자(음력) 실
록에 단출하게 실려 있다.

이 달에 임금이 친히 언문 28자를 지었는데, 그 글자가 옛 전자를
모방하고, 초성·중성·종성으로 나누어 합한 연후에야 글자를 이루
었다. 무릇 한자에 관한 것과 우리말에 관한 것을 모두 쓸 수 있고,
글자는 비록 간결하지마는 전환하는 것이 무궁하니, 이것을 훈민정

음이라 일렀다.

훈민정음 창제의 역사적 비중과 파장에 비해서는 너무도 담담한 기록이다. 새 문자인 훈민정음의 기본자만큼이나 단출한 기록이지만 새 문자의 실체를 정확히 전하고 있다. 온갖 사실을 시시콜콜 기록한 실록에, 이 문제에 관한 이전의 기록은 보이지 않는다. 새 문자 창제가 비밀 프로젝트였을 것이라고 보는 이유가 여기에 있다.

새 문자의 명칭인 '훈민정음'은 실제로는 거의 쓰이지 않고 주로 '언문'이라 불렸다. 이 용어 역시 여기에 처음으로 나온다. 이로부터 2개월 뒤에 그 유명한 최만리의 반대 상소문이 역사의 표면으로 나선다. 세종이 세자와 둘째 아들 이유(수양대군)와 셋째 아들(안평대군) 이용을 책임자로 하여 최항, 박팽년, 신숙주, 이선로, 이개, 강희안에게 『운회』를 번역하라고 지시 내린 지(2월 16일) 나흘 뒤다. 이 상소문 때문에 최만리는 훈민정음 창제의 반대자로 낙인찍혀 대대로 욕을 먹었다. 그러나 우리는 이 상소문 덕분에 1443년의 단출한 기록에 대한 갈증을 풀 수 있었다. 훈민정음 창제 과정과 핵심 쟁점 등을 알 수 있었기 때문이다. 역사의 아이러니라 아니할 수 없다.

그런 만큼 상소문을 좀 더 꼼꼼하게 뜯어볼 필요가 있다. 지금의 시각으로 보면 비논리적인 측면도 있지만 상소문은 전반적으로 대단히 장중한 정치적 소논문의 성격을 띠고 있다. 상소문의 일부 내용에 대해서는 세종 임금이 직접 반박했고, 그 나머지에 대해서는

 28자로 이룬 문자혁명 훈민정음

그 뒤에 나오는 『훈민정음 해례본』에서 반박이 온전히 이루어진다. 아마도 『훈민정음 해례본』 집필자들은 상소문에 대한 반박을 염두에 두고 썼을 것이다. 결국 최만리의 상소문은 넓게 보면 제대로 된 반포를 위한 검증 역할을 했다고도 할 수 있다.

최만리는 상소문의 첫머리를 새 문자 창제의 놀라운 측면을 인정하면서 시작하고 있다.

신 등이 엎디어 보건대, 언문을 만든 것이 매우 신기하고 기묘하여, 새 문자를 창조하시는 데 지혜를 발휘하신 것은 전에 없이 뛰어납니다. 그러나 신 등의 좁은 소견으로 볼 때 오히려 의심되는 것이 있기에 아주 간절한 마음으로 삼가 아래와 같이 글을 올리니 전하께서 직접 검토하여 주시옵기를 바랍니다.

언문을 만든 것이 "神妙신묘, 創物運智 창물운지"라고 했다. 신기하고 기묘할 뿐 아니라, 그 만든 이치를 보면 만물을 창조하는 지혜를 발휘했음을 알 수 있다고 했다. 천지자연의 이치에 따라 만든 천지자연의 문자임을 인정하였다. 새 문자에 이렇게 훌륭한 측면이 있지만 몇 가지 의심되는 측면이 더욱 중요하기에 상소문을 올린다는 것이다. 무조건 반대하는 게 아니고 여러 가지 역사적·사회적 배경 때문에 반대한 셈이다. 이렇게 시작하는 최만리의 상소문을 읽은 세종이 그 중 몇 가지 내용을 가지고 최만리 등을 불러 어전에서 토론을 벌였다. 최만리의 논지를 좇아가며 논쟁 과정을 재구성해 보자.

최만리와
세종 논쟁의 진실

　　　　　먼저 최만리는, "우리 조선은 조상 때부터 내려오면서 지성스럽게 대국을 섬기어 한결같이 중화의 제도를 따랐습니다. 이제 문자(한문)도 같고 법과 제도도 같은 시기에 언문을 창제하신 것은 보고 듣기에 놀라움이 있습니다."라고 일갈을 터뜨린다. 사대주의를 오랜 전통으로 보고, 새 문자를 창제한 사실이 "중국에라도 흘러들어 가 혹시라도 비난하여 말하는 자가 있사오면 어찌 대국을 섬기고 중화를 사모하는 데에 부끄러움이 없사오리까."라고 하여, 절박한 현실 문제를 드러내고 있다. 물론 이 때의 현실 문제는 명나라의 정치적 압박이나 위협이라기보다, 중국을 떠받들고자 하는 소중화주의자로서의 자기 검열에 따른 걱정이다. 이들의 시각으로 보면 이러한 사대 의식은 정치적 생존 원리이자 정체성의 뿌리이므로 매우 절박하고 다급한 문제라고 볼 수 있다. 문자 자체의 문제보다 정치적 배경을 먼저 토로한 이유가 거기 있을 것이다. 이는 당시 정통 사대주의자들의 정치적 입장과 현실을 적나라하게 보여 준다.

최만리 상소의 대전제에 해당하는 이 지적에 대해 세종은 직접 반박하지 않았다. 군왕으로서 일일이 반박할 필요가 없어서일 수도 있고, 가장 민감한 문제를 가지고 불필요한 논쟁을 벌일 필요가 없어서일 수도 있다. 다만 최만리와 대척점에 있던 정인지가 『훈민정음 해례본』에서 "천지자연의 소리 법칙에 맞는 천지자연의 글자를 만든 것뿐이다."를 유달리 강조한 것으로 보아, 최만리의 사대주의적 문제 설정에 대해 천지자연의 보편 논리로 맞서고 있음을 알 수 있다.

또한 훈민정음 창제파들은 이런 반발을 예상하고 옛 글자를 모방했다고 강조한 것으로 보인다. 1443년 실록의 최초 기록에서 그 점을 강조하고 있기 때문이다(4장 참조). 그래서 최만리도 글자의 형상이 비록 옛날의 전자를 모방했을지라도, "음을 쓰고 글자를 합치는 것은 모두 옛것에 반대되니 사실 근거가 없사옵니다."라고 핵심을 지적하고 있다. 글자체나 글자를 만든 방법은 모방했을지 모르지만 실제 핵심 원리는 독창적이라는 것이다. 훈민정음에 반대한 최만리에게조차 이렇게 비쳐졌다면, 훈민정음 창제파들이 내세운 고전 모방설에는, 실제 모방했고 안 했고를 떠나 정치적 전략이 깔려 있음을 알 수 있다. 이런 지적에도 세종은 반박하지 않았다. 너무도 당연한 지적이었기 때문일 것이다.

최만리의 정통 사대주의 논리는 계속된다. "예로부터 중국 문화권 안에서 풍토가 달라 비록 방언을 쓴다고 해도 문자까지 따로 만들어 쓴 적은 없사옵니다. 오직 몽골, 서하(티베트계 탕구트족), 여진, 일본, 서번(티베트족)과 같은 종족이 각기 그 글자가 있으되, 이는 모두 오랑캐 종족에게나 있는 일이므로 족히 말할 만한 것이 못 되옵니다. 옛글에 이르기를, '오랑캐가 중국 문화를 따라 변한 일은 있지만 중국 문화가 오랑캐로 변해 버렸다는 말은 아직 듣지 못하였다.'고 했습니다. 역대로 중국에서는 모두 다 우리나라를 두고 기자(기자조선의 시조)가 남긴 풍속이 있다 하고, 우리의 문물과 예악이 중국 문화에 견줄 만하다고 했는데, 이제 따로 언문을 만드는 것은 중국을 버리고 스스로 오랑캐와 같아지려는 것이니, 이른바 소합향을 넣은 환약을 버리고 말똥구리의 똥덩이를 쓰는 것과 같으니, 어찌 문명에 큰 흠집이 되지 않겠습니까?"라고 오랑캐 논리를 자세하게 들이대고 있다.

사대주의 논리는 오랑캐 논리와 맞물려 돌아간다. 중국을 떠받들고 닮으려고 하는 것은 거꾸로 얘기하면 오랑캐를 멸시하고 그들과 닮지 않으려는 전략이기 때문이다. 자신들만의 고유문자를 가졌다는 게 오히려 경멸의 대상이 되는 것으로 보아, 그 당시 정통 사대주의자들이 얼마나 사대주의 정치 속성에 충실했는지를 잘 알 수 있다. 훈민정음 창제는 바로 이런 철옹성 같은 정치 세력의 반대를 이

겨냈다는 데 위대한 점이 있다. 세종은 이런 논리에도 직접 반박하지 않았다. 다만 『훈민정음 해례본』에서 "우리 문화는 중국 문화와 견줄 만하지만, 중국 한문을 쓰는 것은 몹시 불편한 일이다."고 반박하고 있을 뿐이다.

세종이 공들여 반박한 부분은 이두 문제였다. 여기에는 최만리의 핵심 논리가 담겨 있을 뿐만 아니라, 훈민정음 창제와 직접 관련된 문제가 많으므로 꼼꼼이 읽어 볼 필요가 있다.

신라 설총의 이두는 비록 비속한 말이오나, 모두 중국에서 널리 쓰이는 글자를 빌려다 토로 썼기 때문에, 글자가 한자와 원래 서로 분리된 것이 아닙니다. 따라서 비록 서리나 하인 무리에 이르기까지 꼭 이두를 익히려 하면 반드시 먼저 몇 가지 글을 읽어서 대강 한자를 알게 된 연후라야 이두를 썼습니다. 그리고 이두를 쓰는 자는 모름지기 한자에 의거해야만 능히 뜻이 통하기 때문에 이두로 인하여 한자를 알게 되는 자가 자못 많사오니, 또한 이는 학문을 발전시키는 데에 큰 도움이 되었습니다. 만약 우리나라가 원래부터 한자를 알지 못하여 끈을 매듭지어 글자 대신 쓰는 세상이라면, 우선 언문을 빌려서 한때 이용하는 것도 좋을 겁니다. 그래도 옳은 주장을 줄곧 내세우는 자들은 반드시 말하기를, "언문을 시행하여 임시 방편 수단으로 삼는 것보다는 차라리 더디고 느릴지라도 중국에서 널리 쓰이는 문자를 배워 영구한 계책으로 삼는 것만 못하다."고 할 것입니다. 하물며

써 온 지 수천 년이 되는 동안에 문서를 작성하거나 약속을 알리는 등의 일에서 아무 지장이 없었던 것을, 무엇 때문에 예로부터 사용해 온 폐단 없는 글을 고쳐서, 따로 야비하고 상스럽고 아무 도움도 안 되는 글자를 창조하시나이까? 만약 언문을 사용한다면 관리 될 자들이 오로지 언문만을 배우고 학문하는 한자를 돌보지 않아서 글자와 관리는 둘로 나뉠 것이옵니다. 진실로 관리 된 자가 언문을 배워 출세한다면, 후진들이 모두 이러한 것을 보고 생각하기를, 스물일곱 자의 언문으로도 족히 출세할 수 있다고 할 것이오니, 무엇 때문에 고생스럽게 성리학을 파고들려 하겠사옵니까? 이렇게 되오면 수십 년 뒤에는 한자를 아는 자가 반드시 적어져서, 비록 언문으로써 능히 사무를 본다 할지라도 성현의 글을 알지 못하고 배우지 않아 무식쟁이가 되어 세상 이치의 옳고 그름에 어두울 것이오니, 언문에만 능숙한들 장차 무엇에 쓰겠습니까? 우리나라에 오래 쌓아 내려온, 학문을 숭상하는 교화가 점차로 몽땅 없어지지 않을까 두렵습니다. 전에는 이두가 비록 한자에서 벗어난 것이 아닐지라도 유식한 사람은 오히려 비루하게 여겨 한문 공용체로 바꾸려고 생각했는데, 하물며 언문은 한자와 조금도 관련이 없고 오로지 세속말에서나 쓰이니 어찌 언문이겠습니까? 가령 언문이 먼저 왕조 때부터 있었다 해도, 오늘처럼 문명한 정치가 시행되어 도덕 있는 나라로 변화되어 가는 세상에, 옛 습관에 젖어 그대로 답습할 필요가 어디 있겠습니까? 반드시 개혁하자고 의논하는 자가 있을 것으로 이는 환하게 알 수 있는 이치이

옵니다. 옛것을 싫어하고 새것을 좋아하는 것은 예나 지금이나 한결
같은 골칫거리입니다. 지금의 이 언문으로 말하면, 새로 만들어 낸
하나의 기이한 재주에 지나지 않을뿐더러, 학문에 방해만 주고 정치
에 유익함이 없으므로, 아무리 곱씹어 생각해도 그 옳은 것을 볼 수
없사옵니다.

이두는 학문(성리학)의 도구인 한자를 배우는 데 도움이 되지만
언문은 오히려 방해만 될 뿐이라는 것이다. 이두는 아주 오래 사용
해 불편이 없는데 야비하고 비속한 언문으로 왜 평지풍파를 일으키
느냐, 관리들이 쉬운 언문으로 출세하면 성현의 말씀을 적은 한문을
배척할 것이므로 큰 문제라는 것이다. 이런 최만리의 우려는 언문의
놀라운 측면을 그 또한 인정했음을 보여 준다. 물론 한자는 학문의
도구가 되고 언문은 학문의 도구가 되지 못한다는 이분법은 전혀 이
치에 맞지 않지만, 한자 자체가 삶이요 이상이요 사상이었던 그 당
시 정통 사대부들로서는 충분히 생각할 수 있는 논리였다. 세종은
이 점에 대해서는 단 한마디도 반박하지 않았다. 세종은 다만 새 문
자의 원리와 관련된 이두 문제에 대해서만 반박을 한다.

그대들이 "음을 응용하고 글자를 합한 것이 모두 옛글에 위반된다."
했는데, 설총의 이두 역시 음이 다르지 않느냐. 또한 이두를 만들어
낸 본 뜻이 백성을 편리하게 하고자 한 것이라면 지금의 언문도 백성

을 편리하게 하려 한 것이다. 그대들이 설총은 옳다 하면서 임금의 일은 그르다고 하는 건 무엇 때문이냐. 또 그대들이 운서를 아느냐. 사성과 칠음에 자모가 몇이나 있느냐. 만일 내가 운서를 바로잡지 않으면 누가 바로잡을 것이냐.

세종은 학문의 도구적 측면보다는, 백성에게 이로우냐 아니냐를 더 중요하게 여긴 듯하다. 이두를 옹호하는 최만리의 논리를 이용하여, 이두와 마찬가지로 언문도 백성의 편리를 위한 것이라고 했다. 언어 측면에서도, 이두가 한문과 많이 다른 것과 마찬가지로 언문도 그러한데, 이두에는 관대한 자들이 유독 언문에만 알레르기 반응을 일으키느냐고 역정을 낸 것이다. 세종의 이런 반박을 그 당시 실정을 고려해 좀 더 풀어쓰면 이렇다.

한낱 필부필부가 되어 운서의 이치를 전혀 깨우치지 못했으면 모를까, 글자의 문리에 통하여 새 글자의 원리를 깨우친 자가 이런 말을 하는 것은 그 원리를 모르느니만 못하다. 그대의 말대로 새로운 글자를 합하는 원리는 중국의 문자와 다르다. 중국의 문자는 성모와 운모·성조로 이루어지나, 훈민정음은 초성·중성·종성을 합하여야 소리를 이루느니라. 그러나 이러한 방식은 중국의 성운학을 충실하게 탐독하고 연구한 바탕 위에서 우리말에 맞는 새로운 방법을 찾은 것이다. 내가 신숙주로 하여금 여러 번 요동을 방문하게 한 까닭도, 중국의 음운학자 황찬에게 중국 성운의 운행 원리와 한자음에 관해 질문하여 바로잡기 위해서였다. 또한 새 글자의 원리가 모두 옛글에 어긋난다 하나, 그대들이 진정 설총의 이두를 모른다고 하려느냐. 이두역시 문자와 음이 다르나 백성들을 편리하게 하려고 만든 것이거늘, 그대들이 신하 된 입장에서 설총의 일은 옳다 하고 임금의 일은 그르다 하는 이유가 무엇이냐.

세종이 이런 식으로 백성과의 문제를 집중적으로 파고든 것은, 최만리가 형벌 문제와 관련하여 이두와 언문 사용을 언급했기 때문이다.

"사형 집행에 대한 법 판결문을 이두 문자로 쓴다면, 글 뜻을 알지 못하는 어리석은 백성이 한 글자의 착오로도 원통함을 당할 수 있으나, 이제 그 말을 언문으로 직접 써서 읽어 주면, 비록 지극히 어리석은 사람일지라도 모두 다 쉽게 알아들어서 억울함을 품을 자가 없을 것이다."라고 하오나, 예로부터 중국은 말과 글이 같아도 죄인을 심문하거나 심의를 하는 사이에 억울하게 원한을 품는 사람들이 아주 많습니다. 가령 우리나라만 하더라도 옥에 갇혀 있는 죄수로서 이두를 아는 자가 직접 진술문을 읽고 그것이 거짓인 줄 알면서도 매를 견디지 못해 거짓으로 자복하는 자가 많사옵니다. 이런 경우는 진술문의 뜻을 알지 못해서 억울한 죄를 뒤집어쓰는 게 아니라는 것을 명

백하게 알 수 있습니다. 그렇다면 비록 언문을 쓴다 할지라도 이와 다를 게 무엇이겠습니까? 여기에서 범죄 사건을 공평히 처결하고 못 하고는 법을 맡은 관리가 어떤가에 달려 있지, 말과 글이 같고 같지 않은 데 달려 있지 않다는 것을 알 수 있습니다. 그런데도 언문을 사용해야 처결 문건을 공평하게 할 수 있다는 데 대해서 신 등은 그것이 옳다고 보지 않사옵니다.

이런 지적에 대해서도 세종은 직접 반박하지 않았다. 대신 『훈민정음 해례본』에서 "우매한 백성들은 하고 싶은 말을 표현할 수 있고, 죄수 관리들도 곡절을 통할 수가 있어 재판 속사정을 알 수 있다."고 언급한 것으로 보아, 이런 사대부들의 반박에 논리적 대응을 하고 있음을 알 수 있다. 이런 측면을 자세히 풀어 보면 다음과 같을 것이다.

그대의 말대로라면 목민관으로서 관리의 자질이 더 중요하지 않느냐. 목민관이란 백성이 나라의 근본임을 깨달아 이를 몸소 실천하는 관리를 말하는 것이 아니더냐. 마찬가지로 무릇 군주 된 자는 다음의 다섯 가지 덕목, 즉 백성을 사랑해야 하고, 백성을 위할 줄 알아야 하며, 백성을 먹여 살려야 하고, 백성의 어려움을 보살펴야 하며, 백성의 생활을 더욱 편리하게 해야 한다를 항상 마음에 새겨야 한다. 군주의 자질이 이러해야 할진대 신하 된 자가 이와 관련이 없다고는 하지 못할 것이다. 내가 새로운 글자를 만든 건 이처럼 백성을 불쌍히 여기고 아끼는 마음에서 비롯된 것이거늘 이것이 비난받을 일이란 말이냐.

또한 어리석은 백성이 눈 있고 귀 있으나 봉사와 벙어리처럼 답답한 지경을 당할 때가 있나니, 목숨이 걸린 억울한 옥사를 당함에 있어서는 더욱 안타까운 일이다. 우리 조선 법전의 근간이 된 중국의 『대명률』을 예로 들어 보자.

凡以 妻爲妾者 杖 一白 妻在以妾爲妻者杖九十 並改正

— 한문 원문

凡嫡妻乙(을) 爲妾爲在乙良(하겨늘랑) 杖一白齊(제) 嫡妻生存爲去乙(하거늘) 以妾爲妻者 杖九十遺(고) 並婺只(다무기) 改正齊(제)

— 이두 번역문

무릇 본부인을 첩으로 만드는 일이 있으면 매 일백 대를 때린다. 본부인이 살아 있는데 첩으로 부인을 삼는 자는 매 구십 대를 치고 모두 바로 고친다.

— 『대명률직해』 '처첩실서'

이를 보아도 알 수 있듯이, 이두문은 문자를 이용하되 우리말의 순서에 따라 문자를 배열하고, 한자의 음과 뜻을 빌려 우리말의 연결어미를 표기하고 있다. 그러나 어리석은 백성이 이를 본들 어느 것이 문자이고 어느 것이 이두문인지 알 수가 있겠느냐. 그리고 같은 한자라도 읽는 이마다 그 소리가 달라 뜻을 서로 통하는 데 어려움이 있지 않느냐. ‘牡丹’ 만 하더라도 어떤 이는 ‘모란’ 으로 읽고 어떤 이는 ‘목단’ 으로 읽으니 그 혼란스러움은 이루 말할 수 없다. 따라서 문자를 깨우치지 못한 백성은 말할 것도 없고 이두를 깨친 자라도, 죄인을 취조한 관리마다 서로 다른 소리로 진술문을 읽는다면 어찌 같은 죄라도 그 형벌의 경중이 같겠는가.

이런 식의 생각을 가지고 있었던 세종일진대, 최만리가 언문을 만든 것을 ‘기이한 재주’ 라 했으니 어찌 대노하지 않았겠는가. 하여 세종은 다음과 같이 말했다.

그리고 상소문에서, ‘새롭고 기이한 하나의 재주’ 라 했으니, 내 늘그막에 와서 하는 일 없이 세월을 보내기가 어려워 서적으로 벗을 삼았는데, 어찌 옛것을 싫어하고 새것을 좋아해 하는 것이겠느냐. 또한 짐승 사냥을 하다가 매 사냥을 하는 것도 아닌 바에야 그대들의 말은 너무 지나치노라. 그리고 내가 늙어서 나라의 일을 세자에게 오로지 맡겼으니, 비록 자잘한 일일지라도 응당 참가해 결정함이 마땅하거늘, 하물며 언문에 대해서야 더 말할 바가 있겠느냐. 만약 세자로 하여금 항상 동궁에만 있게 한다면 환관에게 일을 맡길 것이냐. 그대들이 가까이 보필하는 신하로서 내 뜻을 잘 알고 있으면서도 이러한 말을 하는 것이 옳은가.

최만리가 '기이한 재주'라고 한 표현이 무척 언짢았던 모양이다. 하긴 지금의 시각으로 보아도 이 표현은 의아한 데가 있다. 절대 군주 시절에 신하가 어찌 저런 표현을 썼을까? 이는 대단한 불경죄에 해당하는 표현으로 보이기 때문이다. 하지만 이런 도덕적 측면의 해석보다는 당시 반대 세력의 정치적 위상이 만만치 않았음을 읽어 내는 것이 옳을 듯하다. 매우 민감한 문제였으므로 최만리도 반론을 하지 않을 수 없었다.

설총의 이두는 비록 음이 다르다 하나, 음과 뜻풀이에 따라 말을 돕는 글자로, 원래 음과 뜻이 서로 떨어지지 않사옵니다. 하지만 언문은 여러 글자를 합하여 함께 써서 그 음과 새김이 변한 것이므로 글자의 형상이 아니옵니다. 또 새롭고 기이한 한 가지 재주라 하온 것은 특히 문맥에 의하여 이 말을 한 데 불과하며 무슨 의도가 있어서 그렇게 한 말은 아니옵니다. 세자는 공적인 일이라면 비록 아주 작은 문제라 해도 참석해서 결정하지 않을 수 없으나, 급하지 않은 일에 무엇 때문에 시간을 허비하며 마음을 쓰시게 하시옵니까?

최만리와 세종의 논쟁에 세자(동궁, 훗날의 문종)가 중요하게 언급되고 있는 것으로 보아, 세자가 훈민정음 창제 과정에 깊숙이 관여했음을 알 수 있다. 그만큼 훈민정음 창제가 국가의 주요 프로젝트였음을 알 수 있고, 또 그만큼 은밀하게 추진된 정책임도 보여 준다. 다만 세종은 언문 창제가 중차대한 일이므로 당연히 세자가 참여하는 것이 옳다고 보았고, 최만리는 언문 창제가 중차대한 일이 아니므로 세자가 관여해서는 안 된다고 보았다.

이러한 문제를 좀 더 풀어 재구성해 보면 다음과 같이 될 것이다.

최만리: 전하, 만일 그러한 이유로 언문을 만드는 것이라면, 이것은 풍속을 바꾸는 큰 일이므로 마땅히 재상으로부터 여러 관료에 이르기까지 의논하고, 나라 사람이 모두 옳다 해도 다시 세 번을 더 생각하고, 황제에게 물어서 어그러지지 않고, 중국에 상고하여 부끄러움이 없으며, 백세에라도 성인을 기다려 의혹됨이 없은 뒤라야 시행할 수 있는 것이옵니다. 이제 여러 사람의 의논을 채택하지도 않고 갑자기 아전의 무리 십여 인으로 하여금 가르쳐 익히게 하고, 옛사람이 이룩한 운서를 고치고 근거 없는 언문을 이치에도 닿지 않게 억지로 끌어다 맞추어, 공장 수십 인에게 판목을 새기고 인쇄하여 급하게 반포하려 하시니, 천하 후세의 공의에 어떠하겠습니까?

세종: 내 비록 세상에 드러내 보이지는 않았지만, 드러나지 않았다

하여 그대 어찌 이 일을 성급하다 하느냐. 내가 1419년에 즉위하고 그 이듬해에 집현전을 확장하여 설치한 것은 훈민정음 창제와 전혀 무관하다 할 수 없으니, 그대가 급하게 글자를 이루었다 함은 옳지 않다. 또한 내 일찍이 말하기를, "대개 그 일을 쉽게 여기고 하면 이루지 못하나, 그 일을 어렵게 여기고 하는 이는 반드시 이룬다." 하지 않았더냐. 오히려 내가 염려하는 점은 이번에 창제한 훈민정음은 내가 정음을 창제한 뜻과 글자의 음가·연서법·병서법·부서법·방점법 등을 간단하게 풀이한 것이어서, 이 새로운 글자를 충분히 이해하고 활용하는 데 어려움이 있을 듯하다는 것이다. 따라서 집현전의 학자들로 하여금 이에 대한 해설서를 만들게 할 것이다. 그 해례가 나온다면 그대와 같은 생각을 하는 자들의 걱정을 덜 것으로 보이노라. 또한 여러 관료에서 황제에 이르기까지 의논하고 상고하지 않은 것을 그르다 하나, 지난 번에 김문이 아뢰기를, "언문을 제작함에 불가할 것은 없습니다." 하였는데 지금은 도리어 불가하다 한다. 이처럼 그 의견이 분분하고 아침에 한 말과 저녁에 하는 말이 다르니 내 언제 때를 기다려 뜻을 이루겠는가. 또한 내 이미 언문을 이룬 마당에도 이리 반발이 심하니, 모든 일의 시비를 물어서 행한다 하면 과연 내 살아생전에 이 일을 이룰 수 있겠느냐?

최만리: 전하, 설사 몇 보를 물러선다 하더라도 동궁의 일만은 심히 걱정하지 않을 수 없습니다. 이제 동궁이 비록 덕성이 성취되셨다 할

지라도, 아직은 성인의 학문인 유학을 마음에 두고 깊이 생각하여, 이르지 못한 것을 속속들이 연구하셔야 할 때입니다. 언문이 비록 유익하다 이를지라도, 학문하는 선비가 갖추어야 할 육예 (예禮, 아樂, 사射, 어御, 서書, 수數)의 한 가지일 뿐이옵니다. 하물며 만의 하나도 정치하는 도리에 유익함이 없사온데, 정신을 연마하고 사려를 허비하며, 날을 마치고 때를 옮기시오니, 실로 때를 놓치지 말고 해야 할 학업에 손실되옵니다.

세종: 내가 나이가 늙어 국가의 서무를 세자에게 오로지 맡겼으니, 비록 매우 자잘한 일이라도 참여하여 결정함이 마땅하거늘, 하물며 언문이겠느냐. 만약 세자로 하여금 항상 동궁에만 있게 한다면 환관에게 일을 맡길 것이냐.

또 언문을 육예의 하나라 하기도 하고 혹은 새롭고 기이한 하나의 기예라 하기도 하니, 내 늘그막에 날을 보내기 어려워서 책으로 벗을 삼을 뿐인데, 어찌 옛것을 싫어하고 새것을 좋아하여 하는 것이겠느냐. 또 사냥으로 매 사냥을 하는 것도 아닌데 그대들의 말이 너무 지나치다.

최만리: 전하, 신 등은 바로 그 점을 염려하는 바이옵니다. 전하께서는 본래 잠저 시절부터 학문을 좋아하시어 몸이 상하심에도 아랑곳하지 않고 손에서 책을 떼지 않으시니, 선대왕께서도 전하께서 보시

   28자로 이룬 문자혁명 훈민정음

던 책을 모두 물리신 일이 있사옵니다. 그런데 이번에 언문을 창제하시는 일에 지나치게 매진하시어 기력이 쇠하시고 눈병이 다시 심하여, 청주 초수리로 거동하시는데도 어찌 이 일만은 손수 챙기시어, 전하의 몸을 추스르는 데 번거롭게 하십니까? 나라의 농사가 흉작인 것을 염려하여, 전하를 따르고 모시는 모든 일들을 간략하게 하시니, 전날에 비하면 10에 8, 9는 줄었사옵고 공무도 모두 의정부에 맡기셨사온대, 부득이하게 급히 마쳐야 할 일도 아닌 언문 같은 것을 굳이 손수 챙겨 가시니, 이 일이 옳은 줄 모르겠나이다.

또한 새롭고 기이한 한 가지의 기예라 한 말은 특히 새로운 글의 기세 때문에 그리한 것이었지, 다른 뜻이 있어서 그러한 것은 아니옵니다. 그리고 동궁은 공사라면 비록 세미한 일일지라도 참결하시지 않을 수 없사오나, 급하지 않은 일에 무엇 때문에 시간을 허비하며 심려하시옵니까?

세종: 그대 말이 듣기에 심히 언짢도다. 이제까지의 말이 모두 허사로다. 내가 백성을 사랑하는 뜻은 나의 정치적인 신념이기도 하려니와, 이제 그대가 급하지 않은 일에 시간을 허비한다 하니, 이는 나의 정치관을 전면적으로 부정하는 것이다. 신하의 본분은 임금이 옳은 일을 행하도록 권면하는 것이거늘, 그러고도 그대가 군주를 섬기는 신하라 하겠느냐. 내가 오늘 그대를 부른 건 처음부터 죄주려 한 것이 아니고, 다만 상소 안의 한두 가지 말을 물으려 하였던 것인데, 그대가

사리를 돌아보지 않고 말을 하니 그대의 죄는 벗기 어렵도다. 그러하니 최만리, 신석조, 김문, 정창손, 하위지, 송처검, 조근을 의금부에 감금하라.

그리고 앞으로 훈민정음을 놓고 왈가왈부하는 자는 용서하지 않으려니와, 이 훈민정음을 백성들에게 널리 알려, 마른 땅에 물이 스미듯이 백성들의 목마름을 가시게 할 것이며, 그들의 눈을 뜨게 하여 바르게 가르치리라.

   28자로 이룬 문자혁명 훈민정음

훈민정음 반포를
도운 핵심 공로자들

　　　　　최만리의 상소문이 올라온 지 1년 뒤인 1445년 1월 7일, 집현전 부수찬 신숙주와 성균관 주부 성삼문, 동시 통역사인 손수산을 요동에 보내 운서韻書를 질문하여 오게 했다는 기록이 나온다. 1446년에 훈민정음을 세상에 알리기 위해 숨 가쁜 3년이 흘렀음을 보여 주는 기록이다. 드디어 3개월 후『용비어천가』 짓기가 끝나고, 그로부터 1년 5개월쯤 뒤인 1446년 9월 29일(음력) 훈민정음 해설서『훈민정음 해례본』이 완성되었음을 알리고, 그 책의 세종 서문과 신하 측 대표 정인지의 서문 전문을 실록에 실어 놓았다.

　권제와 안지는 문학작품 창작 쪽이고 손사용은 동시 통역사였으므로, 표면상의 핵심 연구자는 정인지·최항·박팽년·신숙주·성삼문·강희안·이개·이선로 등 여덟 명으로 압축된다. 그 이면에는 왕실 가

족들이 관여했음도 알 수 있다.

이렇게 보면 『훈민정음 해례본』은 세종과 신하 여덟 명의 공동 저술이고 이것이 객관적으로 드러난 역사의 진실이다.

구성	집필자
서문	세종
예의	세종
해례	정인지, 최항, 박팽년, 신숙주, 성삼문, 강희안, 이개, 이선로 (세종)
서문	정인지

●●●
『훈민정음 해례본』 집필자 구성도.

'자세한 해석을 더한' 부분이 바로 '해례'인데, 이는 표에서 보듯 세종이 지은 저술에 더 보탰다는 뜻이다. 이런 기록에서 분명히 알 수 있는 점은, 문자 창제의 주체와 이 문자를 널리 알리기 위해 자세히 풀어 해설한 이들의 관계와 이름을 아주 명확히 밝히고 있다는 것이다. '해례' 부분은 실제로 신하들이 집필했겠지만 이 부분도 세종과의 공동 저술로 보아야 한다. 문자 창제자와의 공동 연구 없이 집필은 불가능했을 것이기 때문이다. 그래서 위의 표에서 '(세종)'이라 괄호로 처리했다.

1443년부터 1446년까지의 주요 기록에 따르면, 세종은 1443년에 새 문자 창제 및 핵심 내용 서술을 끝내고, 좀 더 치밀한 완성과 알림을 위해 신하(학자)들을 끌어들였음을 분명히 하고 있다.

책 구성	지은이
서문과 예의	세종
해례와 정인지 서문	세종, 정인지 외 7인

●●●
『훈민정음 해례본』의 내용별 집필자.

　　결국 훈민정음 창제의 핵심 아이디어는 세종의 단독 작품이지만, 창제 후 최종 완성(반포)까지 여러 신하들의 도움을 받았다는 것이 『훈민정음 해례본』이 보여 주는 진실이다. 물론 여덟 신하가 집필한 '해례' 부분은 세종이 지은 '예의' 부분을 거의 완벽하게 풀이해 내고 있다. 이는 세종과 여덟 신하가 오랫동안 충분한 토론을 거치고 저술의 고쳐 쓰기를 거듭했음을 보여 준다. 『훈민정음 해례본』과 직접 관련된 것은 아니지만, 창제 직후인 1444년에 최항, 박팽년, 신숙주, 이선로, 이개, 강희안 등에게 『운회』를 언문으로 번역하게 한 뒤 세종이 직접 책임 관리했다는 기록이 남아 있다.

　　그렇다면 창제 후의 이런 식의 공동 작업으로 미루어, 창제 과정에서도 분명 주변 사람들과 충분히 토론했을 것이라고 가정해 볼 수 있다. 그러나 실제로는 창제 후 공개 토론 등은 하지 않았을 것이다. 새 문자 창제가 비밀 프로젝트에 가까웠기 때문이다. 왜 그런지를 추적해 보자. 백성과의 소통을 위한 문자에 대한 공식 기록은 창제 11년 전인 1432년에 보인다. 『세종실록』 7월 16일자(음력) 기록을 보면, 법조문을 이두문으로 번역해 민간에 반포하는 문제에 대해 논의하고 있기 때문이다. 이 날 이후 새 문자 연구에 착수했는지는 알 수 없지만, 위와 같은 기록으로 미루어 볼 때 최소한 이 무렵부터 새 문자 연구를 위한 근본적 동기가 촉발되었음을 알 수 있다. 그렇다면 새 문자 창제를 위해 최소한 10년 동안 연구에 매진한 셈이다. 만약 훈민정음 창제가 공개 프로젝트였다면 이 기간 동안의 기록이 남아 있을 것이다. 그러나 관련 기록이 단 한 건도 없는 것으로 보아 비밀 프로젝트였음을 알 수 있다.

공동 창작이었다면 『훈민정음 해례본』에서 신하들이 자신의 이름을 실명으로 떳떳하게 밝혔듯이 1443년 창제 공표 당시에 이름이 드러났을 것이고 엄격한 사관들에 의해 실록에 기록되었을 것이다. 그러나 1443년 사관의 실록 기록과, 1446년 『훈민정음 해례본』의 신하들 기록은 훈민정음 창제가 세종의 단독 아이디어임을 밝히고 있다.

결국 『훈민정음 해례본』이야말로 가장 객관적인 진실의 실체를 보여 준다. 핵심 부문은 세종이 짓고 그것을 여덟 신하가 자세히 풀어 완성했다. 핵심 아이디어는 세종의 것이지만 더불어 완성한 이는 여럿이다. 바로 이런 식의 관계 설정이 합리적이다. 물론 이 책에는 아쉽게도 집필 외에 도움을 준 사람들의 이름은 나오지 않는다. 다른 기록에 의해 그 도운 상황을 짐작할 수 있는, 문종과 수양대군, 안평대군, 야사에 세종과의 훈민정음 토론 공로가 전해져 오는 정의 공주는 이 비밀 프로젝트의 핵심 연구원들이다. 이 밖에도 세종의 실험을 도와 주었다던 후궁들부터 해서 숱한 이들이 있었을 것이다. 오히려 실체가 잘 드러나지 않는 까막눈 민중들이 진정한 도움꾼이었을 것이다.

물론 그 당시 학문과 정치의 핵심 두뇌 집단인 집현전 학자들은 실질적 도움을 준 사람들이다. 최만리, 김문, 정창손 등 훈민정음 창제와 보급에 반대했던 집현전 세력들은 역설적으로, 집현전의 거의 모든 학자들이 훈민정음 창제와 보급에 직간접으로 연관되었음을 보여 준다.

다음으로, 공동 저자들의 구성 관계가 무엇을 의미하느냐는 것이다. 다음 직책 표에서 알 수 있듯이, 여덟 명 가운데 정인지만 세종보다 한 살 많은 쉰 살이고 최항은 30대, 나이를 알 수 있는 다섯 사람은 20대 후반이다. 이선로도 정인지 서문의 맨 끝에 나오는 것으로 보아 성삼문 정도의 나이였을 것이다. 이렇게 보면 원로 학자(정인지), 중견 학자(최항), 젊은 학자(박팽년, 신숙주, 성삼문, 강희안, 이개, 이선로)가 두루 공동 저술자로 참여했음을 알 수 있다. 특히 20대의 젊은 학자가 무려 여섯 명이나 된다는 사실은, 문자 반포 과정에서 신진 학자들에게 많이 기댔음을 알 수 있다.

이러한 저자들의 나이별 구성 비율은 큰 의미가 있다. 첫째, 원로·중견·젊은 학자들을 함께 참여시킨 것은 새 문자의 해설에 세종이 총력을 기울였음을 보여 준다. 창제 과정도 주도면밀했지만 해설 과정 또한 그러했다. 비중 있는 총책임자(정인지)를 임명해 무게 중심

세종	정인지	최항	박팽년	신숙주	성삼문	강희안	이개	이선로
49세	50세	37세	29세	29세	28세	29세	29세	?
임금	집현전 대제학 정2품	집현전 응교 정4품	집현전 부교리 종5품	집현전 부교리 종5품	집현전 수찬 정6품	돈녕부 주부 종6품	집현전 부수찬 종6품	집현전 부수찬 종6품

●●●

『훈민정음 해례본』 완성 당시 공동 저자들의 나이와 직책.

을 분명히 하되, 젊은 학자들로 하여금 좀 더 참신하고 신바람 나는 저술을 유도했다. 이 과정에서 원로 학자와 젊은 학자 간의 중개 역할은 최항이 맡은 것으로 보인다. 둘째, 젊은 학자가 여섯 명이나 되었다는 것은 당시 이 일이 유능하고 창의적인 젊은 학자들이 제격인 진보적인 것이었음을 보여 준다. 이들은 각종 연구 프로젝트를 이끌었다(136쪽 표 참조).

통합 학자 세종과
다양한 학자들

세종은 통합 학자였다. 곧 세종은 정치인이면서 음악, 언어학, 과학, 철학, 역사학 등 다양한 학문에도 조예가 깊었다. 여기서의 통합 학자란 백과사전식 지식을 갖춘 학자가 아니다. 일정한 삶의 실천 맥락에서 다양한 지식을 재생산해 낼 수 있는 능력을 갖춘 학자를 말한다. 세종은 훈민정음 창제를 위해 다양한 학문 영역을 총체적으로 수용했던 것이다. 아니, 거꾸로 그런 통합적 안목이 훈민정음 창제를 가져왔다고도 볼 수 있다. 결국 훈민정음의 완성은 그 당시 역사적 상황과, 통합 학자 세종과 집현전 학자들의 결합에 의해 가능했다.

공동 저술의 일등 공로자는 역시 정인지다. 그는 세종(1397~1450)보다 한 해 먼저 태어나(1396~1478) 28년을 더 살았다. 원로 학자임에도 새롭고 파격적인 일에 적극 참여해 총책임자 역할을 했

날짜(음력)	책명	책임자
1444년 (세종 26년)	『운회』 번역	최항, 박팽년, 신숙주, 이선로, 이개, 강희안(관리·감독: 동궁, 진양대군, 안평대군)
1445년 (세종 27년)	『용비어천가』 노래	정인지, 권제, 안지
1447년 (세종 29년)	『용비어천가』 완간	최항, 박팽년, 신숙주, 이현로(선로), 이개, 강희안, 성삼문, 신영손
1446년 (세종 28년)	『훈민정음』	세종, 정인지, 최항, 박팽년, 신숙주, 성삼문, 강희안, 이개, 이선로
1447년 편찬 (세종 29년)	『동국정운』	최항, 박팽년, 신숙주, 이현로, 이개, 강희안, 성삼문, 조변안, 김증
1447년 (세종 29년)	『월인천강지곡』	세종
1448년 (세종 30년)	『사서』 언해 지시	김문에 이어 김구 번역 추진
1455년 (단종 3년)	『홍무정운역훈』	신숙주, 성삼문, 조변안, 김증, 손수산(관리·감독: 수양대군, 계양군)
1455년 (세조 1년)	『사성통고』	신숙주
1458년 (세조 4년)	『초학자회』 번역	최항, 한계희, 김구, 이승소, 최선복
1461년 (세조 7년)	『잠서』 언해	최항, 한계희 외 30여 명

• • •

훈민정음 관련 공동 저술표.

다. 정인지는 무인 기질의 태종과 세조의 신임도 얻은 것으로 보아, 성격이 두루 원만하면서도 진취적인 기상이 있어 총책임자로 적격

 28자로 이룬 문자혁명 훈민정음

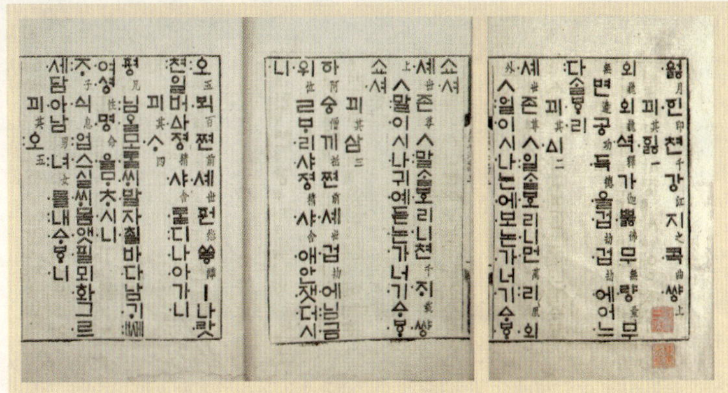

이었던 듯하다. 그는 세종 13년(1431년)에는 정초와 함께 대통력大統曆을 개정하고 『칠정산내편七政算內篇』을 저술하는 등 역법을 정비하는 일을 주도했다. 또한 『고려사』 편찬에도 깊숙이 관여한, 실용 학문 쪽의 대표 인사라고 볼 수 있다. 이렇게 보면 정인지는 『훈민정음 해례본』 집필 당시 충분한 문화적 역량을 갖추고 있었음을 알 수 있다.

또한 훈민정음 창제 1년 전인 세종 24년(1442년) 예문관 대제학으로 『사륜요집絲綸要集』을 편찬했다. 세종 27년(1445년) 1월(양력) 우참찬이 되고, 그 해 『치평요람治平要覽』을 지어 임금께 바쳤다. 다음 해 예조판서를 거쳐 세종 29년(1447년)에는 이조판서, 그 뒤 지춘추관사가 되어 『태조실록』의 내용을 보완하고 수정하는 데 참여

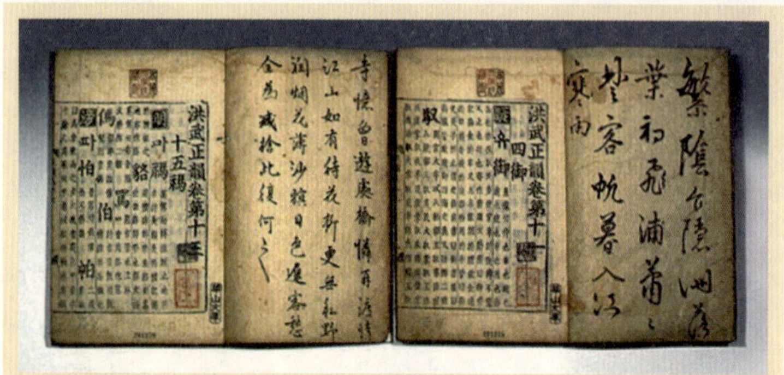

단종 3년(1455년) 중국의 운서인 『홍무정운』을 한글로 풀이한 『홍무정운역훈』은 신숙주, 성삼문 등이 중국 음운에 대한 표준을 세우고자 편찬했다. 한자 밑에 한글로 바른 소리인 정음正音과 일반 사회에서 쓰는 음인 속음俗音을 달았다.

했다. 그러니까 『훈민정음 해례본』 공동 저술의 신하 측 대표를 맡을 당시는 학자로나 정치가로나 최고 절정기였다.

최항(1409~1474)은 훈민정음 창제 당시 34세였고 정인지 다음으로 연장자였다. 나머지가 젊은 신출내기 학자들이었고 보면 최항이 『훈민정음 해례본』 집필 작업을 거의 주관했음을 알 수 있다. 최항은 창제 다음 해이자 『훈민정음 해례본』 완성 2년 전인 1444년에 이미 『운회』를 훈민정음으로 번역한 경험이 있다. 또한 1447년에 최종 완성 반포된 『용비어천가』의 집필 책임자(꼬리말 저술)였고, 훈민정음과 직접 관련된 『동국정운』 저술에도 참가했으므로, 훈민정음 창제와 반포 과정에서 그의 역할은 능히 짐작이 간다.

박팽년(1417~1456)은 "가마귀 눈비 맞아 희는 듯 검노매라. 야광명월이야 밤인들 어두우랴. 님 향한 일편단심이야 변할 줄이 있으라.”라는 시조로 더 유명하다. 성삼문과 더불어 대표적인 사육신으로 자리매김되었다. 그러다 보니 그를 소개하는 많은 문헌에서 그가 『훈민정음 해례본』의 공동 저자라는 사실은 흔히 놓치고 있다. 그의 굳은 절개도 물론 중요하지만 사실 『훈민정음 해례본』의 공동 저자로서의 업적이 더 중요하다. 그는 경학, 문장, 필법 등 학문이 뛰어난 것으로 알려져 있다. 그런 능력을 일찍 인정받아, 1438년에는 유급 휴가를 받아 삼각산 진관사에서 연구에 전념하는 사가 독서 연구원으로 뽑혔다. 세종 26년(1444년)에 의사청에서 신숙주·최항·강희안과 함께 『운회』를 언문으로 번역하는 일에 참여해, 공동 집필자로 적임자였음을 보여 주었다.

신숙주(1417~1475)는 훈민정음 창제 직전인 세종 24년(1442년)에 서장관으로 발탁되어 일본으로 가서 창제 후에 돌아왔으므로 창제 당시에는 국내에 없었다. 일본에서 돌아온 뒤 훈민정음, 특히 음운 연구에 매달려, 성삼문과 함께 요동에 귀양 와 있던 명나라 한림학사이자 음운학자인 황찬을 10여 차례 찾아가 음운에 관해 토론한 사실이 실록에 기록되어 있다. 명의 사신이 우리나라에 왔을 때도 세종의 명으로 태평관을 왕래하면서 운서에 대해 자문을 구했다. 특히 이두는 물론 중국어·일본어·몽골어·여진어에 능통했으므로, 훈민정음 연구와 집필에서 커다란 역할을 했으리라 짐작할 수 있다. 『동국정운』·『사성통고』 등 운서 편찬에서도 주도적으로 활약했다.

성삼문(1418~1456)은 세조 타도를 주도한 사육신의 대표라는 점 때문에 『훈민정음 해례본』의 공동 집필자로서의 업적이 잘 드러나지 않았다. 그나마 음운 연구에 대한 신숙주와의 일화 때문에 그가 『훈민정음 해례본』 집필에서 큰 공을 세웠다는 사실이 알려져 있다. 훈민정음 창제 1년 전인 세종 24년(1442년)에 박팽년·신숙주·하위지·이석형 등과 더불어 삼각산 진관사에서 사가 독서를 하였다. 세종의 명으로 신숙주와 함께 『예기대문언독禮記大文諺讀』을 편찬했으나 원본은 전하지 않고 1767년 간행된 책만 전한다.

강희안(1417~1464)은 화가이면서 인문학자이다. 세종 26년(1444년)에는 의사청에 나아가 신숙주·최항·박팽년 등과 『고금운회』를 언문으로 번역했고, 다음 해 『용비어천가』 주석 달기에 참여했다. 세종 29년(1447년)에는 이조정랑이 되어 신숙주·성삼문·박팽년 등과 함께 『동국정운』 편찬에도 참여했다. 또한 세종 27년(1445년) 조정의 추천을 받아, 명나라에서 보낸 '체천목민영창후사' 여덟 글자를 직접 옥새에 새겼을 만큼 서예 실력도 뛰어났다. 그의 그런 재능이 『훈민정음 해례본』 집필에 크게 기여했을 것이다. 1453년 계유정난 때 성삼문의 변호로 살아난 그는 1455년 임신자壬申字를 녹여 활자를 새로 주조할 때에도 을해자乙亥字의 글자 본을 써 인쇄 문화에 공적을 남기기도 했다.

이개(1417~1456) 역시 사육신으로 유명해서인지 훈민정음과 관련한 업적이 잘 드러나지 않았다. 세종 23년(1441년)에 집현전 저작랑으로 당나라 명황明皇의 사적을 적은 『명황계감明皇誡鑑』의 편찬에 함께한 뒤 훈민정음의 제정에 참여했다. 세종 26년(1444년) 집현전 부수찬으로 의사청에 나가 언문으로 『운회』를 번역하는 일에 참여해 세종으로부터 후한 상을 받은 것으로 보아, 언문 실력이 대단했다고 보인다. 세종 29년(1447년) 문과중시에 급제한 뒤 사가 독서를 하였고, 『동국정운』의 번역·편찬에도 참여했다.

이선로(생몰 연대 미상)는 이현로라는 또 다른 이름으로 알려진 이로, 공저자 중 알려진 바가 가장 적다. 세종 20년(1438년) 식년 문과에 을과로 급제한 뒤 집현전 교리를 거쳐, 세종 29년(1447년) 병조 정랑이 되었다. 안평대군과 가깝게 지낸 탓에, 문종 3년(1453년) 계유정난이 일어나자 남원으로 귀양 가는 도중에 죽음을 당했다고 한다.

겉으로 드러난 여덟 명은 창제 후에 도왔던 이들이다. 창제 전까지는 비밀 프로젝트였으므로 주로 왕실 인척 중심으로 이끌었을 것으로 짐작된다. 창제 후 역사 표면으로 드러난 첫째 아들 문종(이향), 둘째 아들 수양대군(세조), 셋째 아들 안평대군은 각종 프로젝트의 책임자였으므로, 이들이 창제 전에도 많은 도움을 주었을 것이다. 특히 첫째 아들 문종은 최만리가 훈민정음 반대 상소문에서, 동궁이 정작 중요한 일은 안 하고 사소한 일(언문 창제)에만 매달린다고 밝혔을 정도이다.

이 밖에 여성이라는 이유만으로 묻힌 인물 가운데 야사에 전하는 정의공주는 꼭 짚고 가야 한다.

1909년에 간행된 『죽산안씨대동보』에서, 세종대왕의 둘째 딸이자 수양대군의 손위 누이인 정의공주(1415~1477)에 대해 기록한 '공주유사公主遺事'에는 다음과 같은 내용의 글이 있다.

세종대왕께서 훈민정음을 창제하실 때 방언이 문자와 서로 통하지 아니함을 민망히 여기시고 변음토착變音吐着을 연구하여도 잘 풀리지 아니하여 모든 대군들에게 풀어 보도록 하였으나 모두 풀지 못하였다. 왕은 드디어 정의공주에게 명령하시니 공주가 즉시 연구하여 풀어서 올리니 이것이 지금의 언문이다. 세종대왕께서는 대단히 칭찬하시고 너무 기쁘시어 노비 수백 명 등을 하사하시었다.

정의공주 바로 밑의 남동생인 수양대군은 세조가 되어 정의공주를 극진히 떠받든 기록이 많이 남아 있다. 바로 위 누이인 탓도 있지만 훈민정음 창제 과정에서 무척 가깝게 지냈을 것으로 추정된다.

정의공주가 풀었다는 '변음토착'이 정확히 무엇인지 전해 내려오는 것은 없다. '변음'은 "음을 변화시키다" 또는 '변한 음' 등으로 해석할 수 있다. '토'는 "國之語音이 異乎中國하야 與文字로 不相流通할새"에서와 같이, 한문을 우리식으로 편하게 읽기 위해 붙이는 조사나 어미 등에 해당한다. '착'은 붙인다는 뜻이니, 토를 붙이는 과정에서 발생한 문제라고 볼 수 있다. 중국 한자음이라면 다양한 변이음 문제가 발생해도 세종이 고심할 만큼 큰 문제는 아니었을 것이

28자로 이룬 문자혁명 훈민정음

다. 이는 분명 우리 토박이말을 적는 과정에서 중국의 표준 한자음과는 다른 섬세한 음 변화 문제가 발생했다고 보아야 한다. 정의공주가 음악적 재능이 뛰어나 부왕의 연구에 많은 도움을 주었다는 야사로 미루어 볼 때, 반설음(ㄹ), 반치음(△)의 문제와, 한자로는 제대로 적을 수 없는 조사와 어미를 정확히 적는 과정에서 발생하는 음의 문제를 정의공주가 해결했다고 미루어 짐작할 수 있다.

이 밖에 실제로 더 큰 공로자는 세종에게 새 문자 창제의 강력한 동기를 부여했던 수많은 민초들의 고초와 삶이었으리라.

4. 훈민정음을 만든 원리와 풀이

훈민정음은 자연이요 과학이다

훈민정음 창제의
보물 창고, '제자해'

　　　　　　　『훈민정음 해례본』이 1940년에 발견되기 전까지는, '훈민정음'을 사용하고 있으면서도 그것을 만든 원리와 방법을 제대로 몰라 그 설이 분분했다. 그러다 보니 세종이 화장실에서 용변을 보다가 문창살을 보고 아이디어를 얻어 만들었다는 애기가 널리 퍼지기까지 했다. 임금은 화장실에 가지 않고 매화틀이라는 도구를 가져다가 용변을 본다는 사실만으로도 반박이 가능한 설이었지만, 그 당시로 되돌아갈 수 없는 바에야 명쾌한 반박조차 어려웠다.

　　1940년 『훈민정음 해례본』이 발견되고서야 온전한 진실을 알 수 있었다. 훈민정음을 만들고 해설한 사람들이 『훈민정음 해례본』 '제자해'에서 훈민정음을 만든 원리를 일목요연하게 설명하고 있기 때문이다. 타임머신을 타고 15세기로 돌아가지 않고도 훈민정음을 제

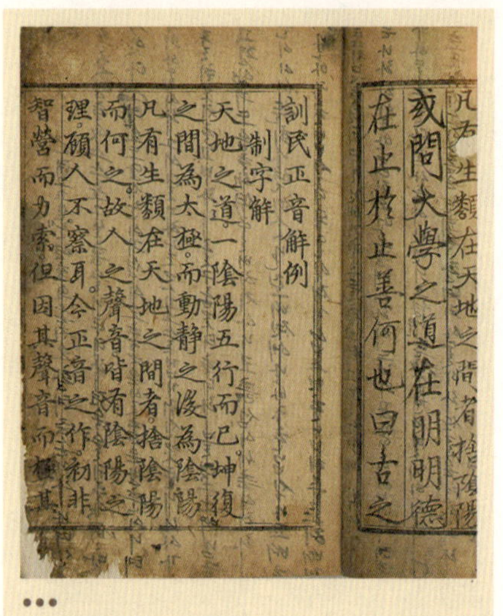

『훈민정음 해례본』 '제자해'.

대로 이해할 수 있는 물증이 나온 것이다.

'제자해'에서는 먼저 글자를 만든 기본 원리를 설명한 뒤, 첫소리글자를 만든 원리, 가운뎃소리글자를 만든 원리를 설명했다. 끝소리글자는 첫소리글자를 그대로 쓴다고 했으므로, 그에 대한 설명은 아예 생략했다. 그러고 나서 첫소리글자와 가운뎃소리글자의 관계, 첫소리글자와 가운뎃소리글자, 끝소리글자의 관계를 풀이한 뒤 갈무리 노래로 마무리 짓고 있다.

'제자해'의 설명이 워낙 명쾌하고 명료하지만, 요즘 사람들이 누구나 쉽게 이해할 수 있는 정도는 아니다. 따라서 우선 '제자해'의 논리를 그대로 이해하는 것이 중요하다. 그런 다음 현대 시각으로 다시 풀어 온전하게 파헤쳐 보는 전략이 필요하다. 한마디로 훈민정음을 만든 원리의 핵심은 말소리에서 자연의 이치를 찾은 데 있었고, 그 결과 오늘날 '과학'의 이치로 보아도 손색이 없는 글자가 되었다.

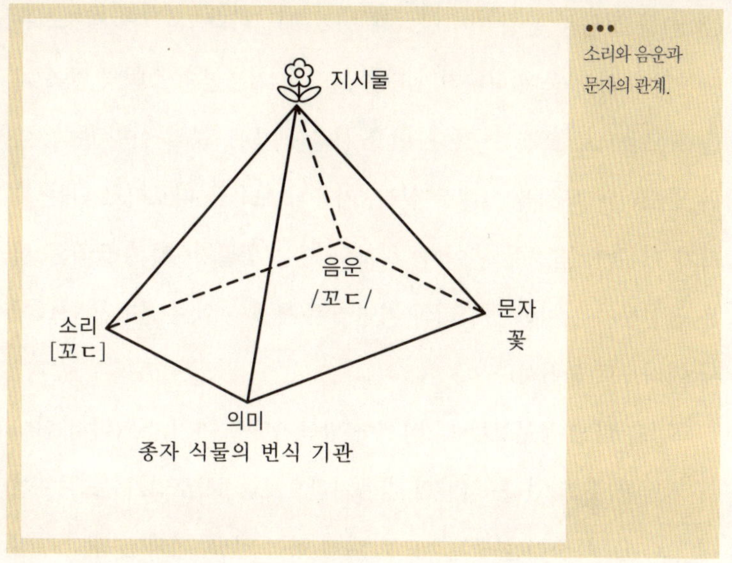

소리와 문자, 음운

문자는 사람의 말소리를 적는 기호다. 물론 문자가 말소리를 그대로 담아 내는 것은 아니다. 그림에서 보듯이 '음운'이란 단계를 거쳐야 한다. '꽃'이라는 말소리는 사람마다 조금씩 다를 수 있지만 우리가 똑같은 낱말로 받아들이는 것은, 조금씩 다른 것을 추상화 또는 일반화해 같은 소리(음운)로 받아들이기 때문이다. 인간의 감각과 뇌에는 이렇게 수많은 사람의 '꽃'이라는 말소리를 듣고 공통점을 추려 내는 힘이 있다. 이러한 음운화 단계가 있어서 고정된 문자를 만들어 낼 수 있었다.

훈민정음이 소리의 세계를 제대로 담아 낼 수 있었던 것은 말소리

(음성)를 정확히 관찰하여 분석해 냈기 때문이다. 사람의 말소리는 자연의 소리 가운데 하나지만 다른 동물이나 자연의 소리와 달리 자음과 모음으로 쪼갤 수 있다. 이를 전문 용어로 '분절'이라 한다. 이런 말소리의 특징을 그대로 살려, 자음과 모음을 따로따로 만든 문자가 이른바 '음운문자'이다. 한자와 같은 뜻글자, 일본 글자와 같은 음절문자는 이런 말소리의 자연스런 특징을 살린 문자가 아니어서 여러모로 불편하다.

사람은 다른 동물보다 더 섬세한 발음기관을 가지고 있어서 언어가 발달할 수 있었다. 사람의 발음기관으로는, 목소리가 울리는 성대(떨림판), 목소리를 구체적으로 나게 하는 입술, 이와 잇몸, 혀, 입천장 등이 있다. 소리는 뭔가가 서로 마찰을 해야만 나온다. 말소리도 마찬가지다. 허파에서 나온 공기는 성대에서 울린 다음 입이나 코를 거쳐 말소리가 되어 나오는데, 이 때 입천장, 혀, 이와 잇몸, 입술 등이 말소리를 만들어 내는 구실을 한다.

그러나 동물에 비해 발음기관이 발달했다고 해서 사람이 '말'을 가질 수 있는 조건이 모두 갖추어진 것은 아니다. 그것은 한 덩어리로 이루어진 자연의 소리를 사람이 인식해 그 소리와 가장 비슷하다고 여겨지는 발음으로 옮기고, 또 자음과 모음이라는 문자를 만들어 이를 표기하는 능력이 있었기에 가능했다. 예를 들면 '닭 홰치는 소리'는 한 덩어리의 소리여서 정확히 나누어 볼 수 없지만, 사람들이 그 소리를 '꼬꼬댁'이라고 제 나름대로 생각하고 적기로 했으며, 그

 28자로 이룬 문자혁명 훈민정음

것을 '끄ㅗ끄ㅗㄷㅐㄱ'이라는 자음자와 모음자로 표기했다. 곧 자음은 순 우리말로 닿소리라고 한다. 내쉬는 숨이 발음기관의 어느 한 군데에 닿아서 생기는 소리이다. 모음은 토박이말로 홀소리라고 한다. 목젖, 혀, 이, 입술 등의 발음기관에 닿지 않고 나는 소리이다.

인간의 말소리의 이런 특징으로 보아, 사실 훈민정음 창제는 충분히 예견되었던 것이다. 사람의 말소리는 다른 동물들이 내는 소리와 달라, 그 특징을 누가 가장 정확히 분석해서 문자화하느냐가 관건이었다. 1867년에 벨(A. M. Bell)이 이런 점을 정확히 지적했는데, 그는 인간의 가장 이상적인 문자는 소리 나는 기관과 작용을 모방한 것이라고 했다. 그의 놀라운 예언은 예언이 아닌 셈이 되었다. 500여 년 전 조선에서 세종에 의해 그의 예언이 이루어졌기 때문이다. 19세기에 현대 과학 지식을 바탕으로 예견한 것을 이미 500여 년 전에 세종이 인지하고 실현했던 것이다.

말소리는 자연의 수많은 소리의 일부이다. 훈민정음은 그런 자연스런 특성을 가장 잘 살린 문자라고 할 수 있다. 그러므로 훈민정음은 자연문자요 생태문자이다. 영어 알파벳과 같은 음운문자는 소리의 성질을 간접적으로 반영한 것에 불과하지만, 훈민정음은 소리와 직접 연관을 맺고 있어 다른 음운문자와는 다른 소리문자라는 특별한 이름이 필요했다.

훈민정음을 만든
주요 원리

지구상의 모든 것들이 다 그러하듯이 사람의 말소리 또한 보편성과 특수성을 함께 지니고 있다. 자연의 소리로서의 특징은 보편성이요, 조선 사람만의 특징은 특수성이다. 훈민정음이란 문자의 핵심적인 특징은 바로 보편성과 특수성을 가장 잘 살려 냈다는 것이다.

외국의 저명한 문자학자들이 훈민정음을 인류 최고의 발명품, 모든 문자가 꿈꾸는 알파벳이라고 극찬하지만 그 비밀은 멀리 있지 않다. 훈민정음은 가장 기본적이고 상식적인 데에서 출발해 그것에 충실하게 완성했기에 위대하다. 우리가 늘 부대끼는 말소리에서 자연스런 이치와 법칙을 찾아내, 가장 쉽게 이해하고 표현할 수 있는 도형으로 그려 낸 것이다. 그렇다면 사람의 말소리에 흐르는 가장 자연스런 이치를 찾아내면 되는데, 그 점을 '제자해' 첫머리에서 다음

28자로 이룬 문자혁명 훈민정음

과 같이 밝히고 있다.

> 천지자연의 이치는 오직 음양오행뿐이다. 곤괘와 복괘의 사이가 태극이 되고, 움직이고 멎고 한 뒤가 음양이 된다. 무릇 천지자연의 어떤 생물이든 음양을 버리고 어찌 살 수 있는가? 따라서 사람의 말소리도 모두 음양의 이치가 있건마는 생각건대 사람들이 살피지 않았을 뿐이다. 이제 정음을 만든 것도 처음부터 지혜로써 경영하고 힘써 찾아낸 것이 아니라, 다만 그 소리에 따라서 그 음양의 이치를 다했을 뿐이다. 이치가 이미 둘이 아닌즉 어찌 천지의 신(귀신)과 더불어 그것을 부려 쓰지 않을 수 있겠는가?
>
> 『훈민정음 해례본』 제자해

천지자연의 소리를 구현하는 바탕 층위

세종은 서문 첫머리에서는 "우리말이 중국 말과 다르다."는 특수한 언어 현실에서 출발했는데, '제자해'에서는 천지자연의 이치의 보편성을 첫머리로 삼고 있다. 소리와 문자의 뿌리를 파고드는 전략을 취한 것이다. 세종은 조선의 문자가 필요하다는 간절한 현실의 욕구와 필요성을 설파했지만, 문자를 만든 근본 원리는 자연의 이치에서 찾고 있다. 천지자연, 모든 생물, 그 가운데 있는 사람의 말소리 모두에 한결같은 공통점이 있으니 그것은 바로 음양오행이다. 그 이치를 따라 새 문자를 만들었더니 천지 신(귀신)도 알아보는 글자가 되었다. 물론 이 때의 귀신은 오늘날의 무서운 귀신이 아니라 천지자연의 신이다. 천지자연의 이치를 따라 만든 문자를 천지자연의 신이 알아보는 건 너무도 당연하다.

자연과 신은 우리 사람에게 생각과 뜻을 주고받을 수 있는 독특한 소리를 주었다. 그렇다면 그 소리의 이치에 가장 잘 들어맞는 문자를 만들 수 있는가? 바로 그런 문자를 만든 세종의 야망은 실로 엄청난 것이었다. 단지 조선의 문자 문제를 해결하는 데 그치지 않고, 사람다운 삶에 꼭 필요한 인간의 문자, 천지자연의 소리를 그대로 포용하는 자연의 문자, 생태문자를 만들려고 했던 것이다.

사대주의 정치로부터 자유롭지 않은 군왕이 중국의 문자를 극복한다는 건 어떤 이유에서건 있을 수 없는 일이었다. 그렇다면 중국의 문자와 대립된 조선의 문자가 아니라, 아예 그런 대립을 벗어난 문자, 그래서 자연스럽게 약소국의 갈등에서 초연해질 수 있는 문자가 필요했다. 그런 길은 정치 차원에서는 어렵고 힘들지만, 문화 차원에서는 가능했다. 진리는 늘 가까이 있듯이, 늘 숨쉬는 자연의 일부인 몸에서는 쉬웠다. 그런 자연적이고 보편적인 소리의 세계, 그것에 바탕을 두고 그것을 최대한 반영한 과학적인 문자를 만들면 되었다.

그런 보편 법칙은 음악과 과학에 있었다. 세종은 우리 풍토와 취향에 맞는 우리식 음악을 살리면서도 음악이 갖는 보편적인 소리 세계에 주목했다. 과학도 마찬가지였다. 중국의 선진 과학을 열심히

 28자로 이룬 문자혁명 훈민정음

배우고 수용하면서도 우리 실정에 맞는 과학을 찾았다. 그렇다고 중국식이냐 우리식이냐에 매몰되지도 않았다. 하늘로 대표되는 천지자연의 과학에는 중국과 조선이 따로 있지 않았다.

그렇다면 천지자연에 흐르는 보편 법칙, 이 세상 어디에든 적용할 수 있는 한결같은 법칙을 찾아내야 했다. 그 법칙은 특이하고 새로운 곳에 있지 않았다. 동양 사상, 우리가 늘 겪는 삶, 자연 그곳에 있었다. 이른바 음양오행. 보이지 않는 신비의 비밀을 찾은 것이 아니라, 임금이나 양반이나 상놈이나 누구나 겪고 부대끼는 자연의 흐름, 삶의 광장에서 찾았다. 밤(음)이 있으면 낮(양)이 있고, 여성(음)이 있으면 남성(양)이 있다. 여성과 남성의 구별이 필요 없는 중성도 있고 그 바탕이 되는 생명의 뿌리(무극, 태극)도 있다. 하늘에는 해(일)와 달(월)이 우리를 감싸고, 그 밑에는 땅(토)이 당당히 터전을 마련해 준다. 하늘과 땅 사이에서 불(화)과 물(수)과 나무(목)와 쇠(금)가 우리 인간의 삶을 지탱해 주며 자연은 도도히 흐른다.

이런 자연과 인간의 바탕, 뿌리를 원리로 삼아 문자를 만든다면 그것이 어찌 천지자연의 보편적인 문자가 아니겠는가. 그래서 태어난 문자가 천지자연의 문자, 좀 더 구체적으로 말하면 천지자연의 소리 이치를 담은 문자, 훈민정음이다.

그러고 보니 '제자해' 첫 구절이 예사롭지 않다. 천지자연과 이 세상, 사람의 말소리에 흐르는 바탕 원리를 어떻게 잡아낼 것인가. 한마디로 음양오행이다. 하지만 음양만 가지고 오묘한 자연의 이치

를 설명하는 데에는 한계가 있다. 그 음양은 어디(태극)에서 생기고 또 어떻게 변화되어 가는가. 음양 자체가 이미 다채로운 빛깔을 띠고 있고, 그 결합에 의해 또 다른 관계를 만들어 낸다. 곤괘, 복괘와 같은 '괘'가 나오는 이치가 바로 거기에 있다. 괘는 자연의 이치와 원리 그 자체이기도 하고, 그러한 이치와 원리를 설명해 주는 장치이기도 하다. 이 괘가 어렵다고 생각하는 독자들은 태극기를 떠올리면 된다.

『훈민정음 해례본』 저자들은 이 심오한 음양오행의 이치를 단 몇 줄로 설명한다. 곤괘와 복괘 사이가 태극이 된다고 했다. 곤괘는 태극기에도 나오므로 그런대로 이해할 만하다. 보통 괘는 8괘로 이해하고 있지만 실제로는 64괘까지 있다. 곤괘는 8괘의 범위 안에서 이

태극기와 괘.

해할 수 있지만 복괘는 64괘 수준에서 이해할 수 있다.

곤괘는 땅이고, 복괘는 땅 속 깊이에서 움트는 기운을 의미한다. 봄을 준비하는 깊은 땅속의 새로운 기운이다. 근본 바탕 또는 뿌리의 의미가 있다. 그래서 곤괘와 복괘 사이가 태극이 된다는 의미가 형성되었다.

오행은 천지만물을 이루고 있으면서 온갖 것을 생성하고 변화시키는 다섯 가지 바탕소인 '쇠(금), 나무(목), 물(수), 불(화), 흙(토)'과 그것이 돌아가는 원리를 말한다. 오행은 크게 상생의 원리와 상극의 원리로 나뉜다. 상생은 서로 어울려 좋은 것이고 상극은 서로 어울려 좋지 않은 것이다. 물이 나무를 자라게 하고(수생목), 나무로 불을 지피고(목생화), 불로 태운 것이 흙이 되고(화생토), 흙은 다시

	건乾	태兌	이離	진震	손巽	감坎	간艮	곤坤
자연	하늘 天	못 淵	불 火	우레 震	바람 風	물 水	산 山	땅 地
인간	부 父	소녀 少女	중녀 中女	장남 長男	장녀 長女	중남 中男	소남 少男	모 母
오행	양금 陽金	음금 陰金	화 火	양목 陽木	음목 陰木	수 水	양토 陽土	음토 陰土
방위	서북	서	남	동	동남	북	동북	서남

●●●
팔괘의 의미와 상징.

더 단단해져 쇠가 되고(토생금), 쇠는 다시 녹아 물이 되니(금생수) 좋은 것이다. 물이 불을 죽이고(수극화), 나무가 흙을 누르고(목극토), 불이 쇠를 없애고(화극금), 흙이 물을 막고(토극수), 쇠가 나무를 자르니(금극목) 좋지 않은 것이다.

다만 여기서 주의할 점은 상생을 이루는 요소와 상극을 이루는 요소가 같다는 것이다. 어떻게 어울려 무엇을 만들어 내느냐가 중요하다. 이는 마치 문자를 어떻게 사용하느냐에 따라 나쁜 도구가 될 수도 있고 좋은 도구가 될 수도 있는 이치와 같다.

왜 우리는 '제자해' 몇 구절에 이렇게 오래 매달려야 하는가. 훈민정음의 핵심 원리가 바로 여기에 담겨 있기 때문이다. 오행은 자음을 만드는 주요 바탕 원리가 되고, 음양은 모음을 만드는 주요 바탕 원리가 된다.

음양오행의 원리에 따라 문자를 만들고 보니 완전하고 과학적이

    28자로 이룬 문자혁명 훈민정음

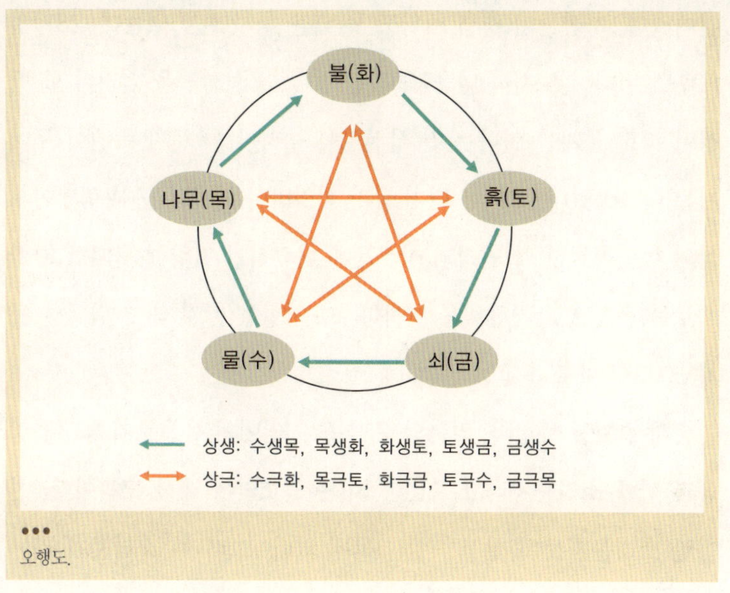

●●●
오행도.

어서 자연의 소리를 가장 잘 담을 수 있었다. 소리뿐만 아니라 천지 자연, 우주 삼라만상이 음양오행의 이치로 되어 있기 때문이다. 자연스러움을 좇았더니 그것의 극치가 과학이요 완벽함이더라.

　이런 보편주의는 최만리와 같은 정통 사대주의 경학파들에게는 '경악'에 가까운 혁명이었다. 비록 그들이 하늘과 인간의 본성을 탐구하는 성리학자였지만, 그들이 추구하는 성리학은 인간학으로서의 성리학이라기보다 중국의 성리학이었다. 세종과 같은 실용 사대주의자들에게는 사대주의보다 성리학이 먼저였지만, 최만리와 같은 정통 사대주의자들에게는 성리학보다 사대주의가 먼저였다. 훈민정음 창제는 그들의 삶의 원리, 생존의 조건을 송두리째 뒤흔드는 사건이었다. 자신들이 평생 배워도 못 배울 문자(한자)였는데, 28자만 배우면 된다니 도저히 있을 수 없는 일이었다. 상전을 섬겨야 할 백성이 감히 문자를 안다는 건 상전만이 누려야 할 문자 특권이 무너지는 아픔이었다. 그것은 단지 문자 혁명만이 아니라 문화 혁명이요 삶의 혁명이었다. 최만리의 상소문은 형식적인 저항에 불과했고 실제로는 온몸으로 저항했을 것이다. 그 저항을 이겨 내고 탄생한 문자, 그것이 바로 훈민정음이다.

흔히 한자를 뜻글자, 일본의 음절문자, 영어의 음운문자를 훈민정음과 함께 소리문자라고 묶는다. 이는 말소리에 대한 모독이다. 진정한 소리문자는 훈민정음(한글)밖에 없다. 그러니 '소리문자'라는 용어를 음운문자, 음절문자, 자질문자 등을 싸잡아 가리키는 상위어로 쓸 것이 아니라, 훈민정음만을 가리키는 용어로 써야 한다.

훈민정음이 다른 문자보다 말소리를 제대로 반영했음을 보여 주는 가장 대표적인 특징은 이른바 1자 1음, 1음 1자의 성질이다. 훈민정음은 말소리(음운)와 문자의 대응 관계가 거의 일치한다. 문자가 소리를 적고, 그 문자를 다시 소리로 내야 한다면, 한 글자가 한 음운을 나타내는 것이 가장 이상적이다. 왜냐하면 문자는 음운을 적는 수단일 뿐만 아니라, 다시 읽어야 하는 대상이기 때문이다. 영어는 한 소리가 여러 문자로 표기되거나 한 문자가 여러 소리를 낸다. 이를테면 a는 열 가지 정도, e, o는 열세 가지 정도, u는 아홉 가지 정도로 발음된다. 거꾸로 [o]라는 발음은 'all, caught, poll'에서와

 28자로 이룬 문자혁명 훈민정음

같이 다양한 문자로 표기된다. 그래서 발음기호가 필요한 것이다. 미국의 생물학자 다이아몬드는 이런 문제를 이렇게 설명한 적이 있다.

"영어를 읽고 쓸 줄 아시오?"라고 묻는다면, 당신은 의당 이렇게 답할 것이다. "물론이지요, 그걸 말이라고 해요! 그렇지 않으면 내가 이 잡지를 어떻게 읽고 있단 말이오?" "그렇다면, 영어의 글말에 숨어 있는 규칙(맞춤법)을 남에게 설명해 보려고 한 적이 있나요? 말하자면 'seed'란 낱말은 왜 'cede'나 'ceed' 또는 'sied'로 쓰지 않고 하필 그렇게 적으며, [sh] 소리는 왜 'ce'(ocean)나, 'ti'(nation) 또는 'ss'(issue)같이 여러 가지로 적을 수 있는지 말이오." 물론 이러한 예는 수없이 많다. 모두 영어의 글말이 얼마나 어려운가를 잘 드러내는 악명 높은 보기들이다. 요즘 내가 1학년에 다니는 우리 집 쌍둥이 아들을 통해서 새로이 느끼고 있는 바지만, 영어의 맞춤법은 너무나 일관성이 없어서 비록 맞춤법의 기본 규칙(그런 것이 있다손 치더라도)을 익힌 어린이라고 해도, 아직도 읽지 못하는 낱말이 많을 뿐 아니라, 들은 말을 글로 적지 못하는 일도 많다.

— Jared Diamond, "Writing Right," *Discover*, 1994 June;

이현복 옮김,『한글 새소식』1994년 8월호.

이러한 영어 알파벳의 발음과 기호의 불일치는 숱하게 지적되어 왔다. 세계음성기호 IPA는 그런 불일치를 극복하기 위해 나왔는데, 한글은 그 자체가 이런 음성기호 구실을 할 수 있는 소리바탕문자이다. 한글은 몇몇 예외는 있으나 한 음운이 한 문자로 표현되고(/a/-ㅏ), 한 문자는 한 음운(ㅏ-/a/)으로 나타난다. 이 원리가 지켜진다면 배우기 쉽고 표기법을 세우는 데 많은 이점이 있다. 또한 이는 정보 기기의 음성 인식에서도 놀라운 효과를 발휘할 수 있다. 이런 특성 때문에 실제 모 휴대전화에서 음성으로 이름과 번호를 검색하는게 가능하다.

음운의 이분법과 삼분법의 과정 층위

훈민정음이 말소리의 세계를 제대로 담아낼 수 있는 문자 시스템이 될 수 있었던 건 말소리를 정확히 관찰해 분석해 냈기 때문이다. 결국 천지자연의 문자를 만들기 위한 세밀한 과정이 '과정 층위'이다.

과정 층위에서 독특한 점은 균형 잡힌 이분법과 삼분법의 철저한 결합을 시도했다는 것이다. 이분법은 자음과 모음을 각각 문자화한 것을 말한다. 이는 다른 음운문자와 다를 바 없다. 그러나 훈민정음은 자음과 모음이 균형을 이룬다. 영어는 26자의 자모 중에 모음이 5자(a, e, i, o, u)이고 자음이 21자이다. 이에 비해 훈민정음은 자음이 17자이고 모음이 11자로, 수적으로 어느 정도 균형이 맞는다.

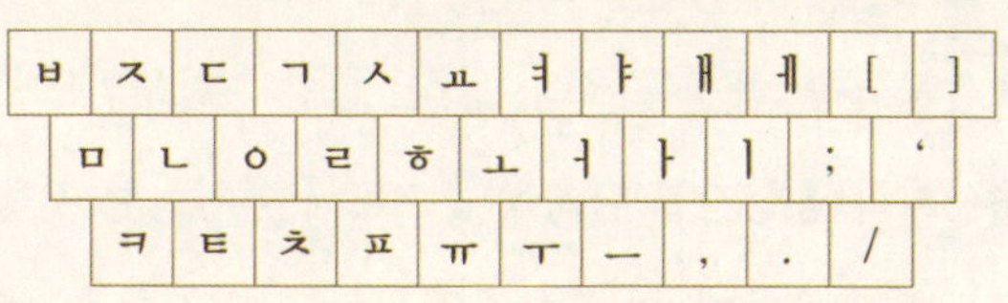

남한 표준 자판 (두벌식).

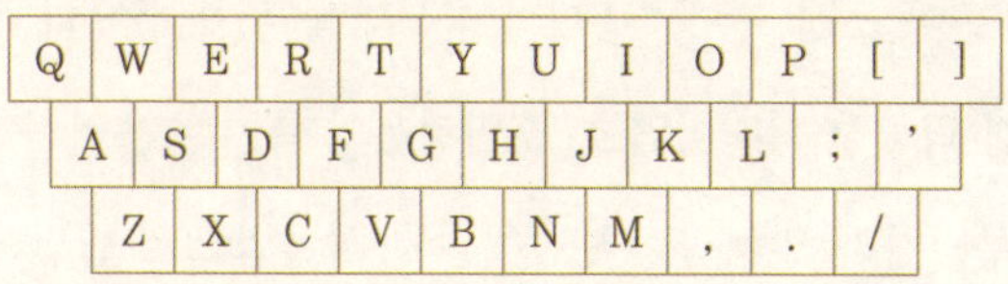

영어 표준 자판.

자음 : ㄱ ㅋ ㆁ ㄷ ㅌ ㄴ ㅂ ㅍ ㅁ ㅅ ㅈ ㅊ ㆆ ㅎ ㅇ ㄹ ㅿ

모음 : · ㅡ ㅣ ㅏ ㅓ ㅗ ㅜ ㅑ ㅕ ㅛ ㅠ

실제 쓰임새에서 영어는 자음과 모음의 배열이 들쑥날쑥하다. 'school'은 '자자자모모자'이고, 'apple'은 '모자자자모'이다. 그러나 훈민정음은 글자(음절)마다 모음이 배치되어 일종의 기준 역할을 한다.

이런 자음과 모음의 대응 관계는 자판을 통해 그 효율성이 금방 드러난다. 한글 자판은 왼쪽은 자음, 오른쪽은 모음으로 확연히 갈라져 배우기 쉽고 치기 쉽다. 이에 비해 영어 자판은 모음 글쇠 위치에 일정한 원칙이 없고, 실제 칠 때에도 'read'와 같이 오로지 왼손으로만 치는 경우도 있다.

이원적 삼분법은, 음운은 초성, 중성, 종성의 삼분법으로 나누되, 문자는 초성자와 종성자를 같게 만듦으로써 이원화한 것을 말한다. 오늘날의 두벌식 표준화 자판은 훈민정음의 이런 중층(이분법과 삼분법) 속성 때문에 이루어진 것이라고 볼 수 있다.

결국 세종이 초성, 중성, 종성의 삼분법을 문자 창제의 주요 원리로 삼은 건 탁월한 식견이었고, 훈민정음의 폭넓은 음역의 원동력이 되었다. 우리나라 말처럼 '초-중-종' 삼분법으로 발달되어 있는 언어는 드물다. 훈민정음이 아주 폭넓은 소리의 세계를 구현하는 문자가 될 수 있었던 건 이미 말소리 자체가 섬세하게 발달되었기 때문이다. 이러한 삼분법은 보편적인 자음, 모음의 이분법과는 또 다른 소리 문화의 특수성에 해당된다.

훈민정음의 상형 원리

흔히 한자는 상형문자, 훈민정음은 비상형문자로 분류한다. 하지만 그렇지 않다. 훈민정음이 상형문자로서의 특징보다 더 중요한 다른 특징이 있기에 상형문자로 분류하지 않는 건 옳지만 그렇다고 상형문자가 아니라는 건 잘못이다.

『훈민정음 해례본』은 훈민정음이 상형문자에서 비롯함을 천명하고 있다.

正정音음二이十십八팔字자는 各각象상其기形형而이制제之지니라

정음 스물여덟 자는 각각 그 모양을 본떠서 만들었다.

한자의 경우, '☀ → ⊖ → 日(해)', '・ → ⊤ → 下(아래)'와 같이, 실체를 모방하는 방식의 문자를 상형문자라고 한다. 그런데 현재 쓰이는 한자는 이런 식의 상형 한자보다 '人〔사람〕 + 木〔나무〕 → 休〔쉴 휴〕'와 같이, 기본 상형문자를 이리저리 합쳐 만든 문자가 더 많다. 그런데 훈민정음은 문자 전체가 상형에 바탕을 두고 있다. 원형문자가 상형문자이고 나머지 문자도 거기에 획을 더한 것이니 결국 상형문자 원리에 기초하고 있는 셈이다. 그러나 한자와 훈민정음의 상형 방식은 근본적으로 다르다. 한자는 자음과 모음이 분리되지 않은 상태에서 사물의 형태나 생각의 형태를 일일이 상형했지만, 훈민정음은 자음과 모음이 분리된 상태에서 특정 요소만을 상형했기 때문이다.

그리고 훈민정음의 경우는 자음자와 모음자의 상형 방식이 사뭇 다르다. 자음자는 발음기관과 발음 작용을 상형했지만, 모음자는 하늘, 땅, 사람, 즉 자연의 핵심 삼 요소를 상형했기 때문이다.

자음자를 먼저 보면, 훈민정음은 발음기관과 발음 작용을 상형했다.

첫소리글자는 모두 17자인데, 어금닛소릿자 ㄱ은 혀뿌리가 목구멍을 닫는 모양을 본뜨고, 혓소릿자 ㄴ은 혀가 윗잇몸에 붙는 모양을

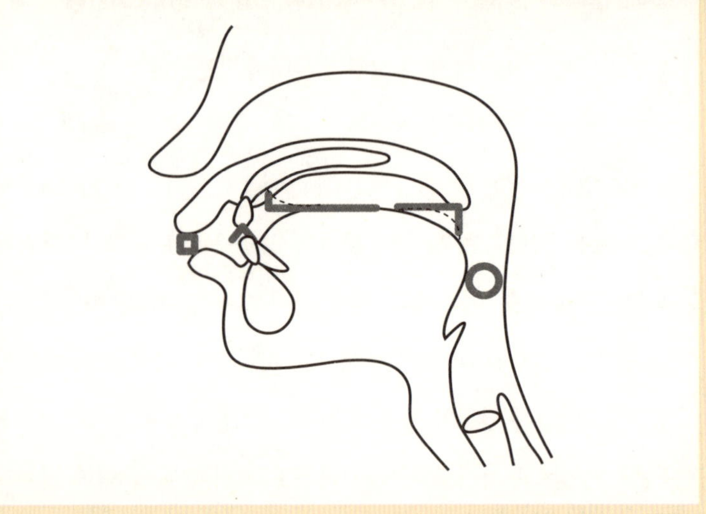

자음 원형 문자 상형도.

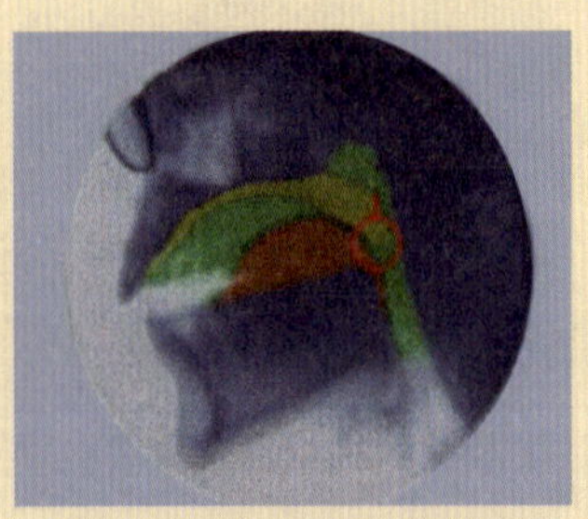

엑스레이 촬영 결과를 윤곽이 잘 드러나도록 디지털화한 영상이다. 받침으로 쓰이는 'ㅇ'를 도려 낸 샘플이다.

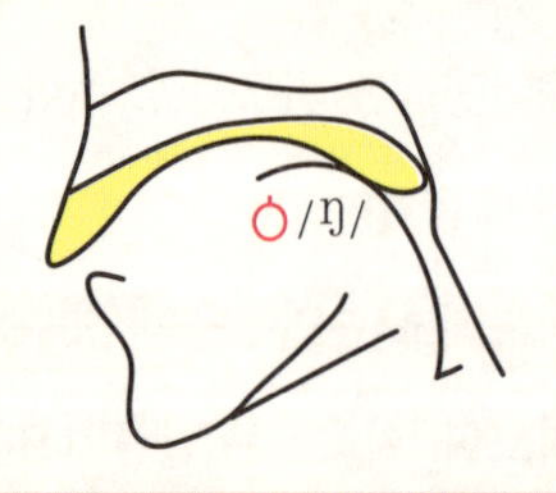

왼쪽 영상 안에 있는 ㅇ[ŋ]의 조음 구조를 도려 낸 샘플이다. 비음-구개음이 비강으로 방출되기 위해 연구개가 아래로 내려져서 목젖을 막은 모양을 볼 수 있다.

엑스레이 동영상 촬영에 포착된 조음 형상 (김석연).

본뜨고, 입술소릿자 ㅁ은 입의 모양을 본뜨고, 잇소릿자 ㅅ은 이의 모양을 본뜨고, 목청소릿자 ㅇ은 목구멍의 모양을 본떴다.

『훈민정음 해례본』 제자해

위의 설명을 보면, ㄱ과 ㄴ은 발음 나는 작용을 본뜨고, 나머지 글자들은 발음기관의 생김새를 본떴음을 알 수 있다. 한자는 고정된 모양을 본떴지만 훈민정음은 움직이는 과정(발음 작용)까지 본떴다. 그것도 단순하게 본뜬 게 아니라 고도의 기하학적 추상성을 살려서 본떴다. 혀뿌리가 목구멍을 막는 모양도, 갈고리 모양부터 수십 가지가 있을 수 있지만, 직선만을 활용해 아주 간결하게 추상화했다. 이는 정밀한 관찰과 분석 없이는 불가능한 상형 방식이다. 여기에 훈민정음의 놀라운 점이 있다. 오늘날처럼 음성을 관찰하거나 분석할 수 있는 엑스레이 기계(모노그래프, 소노그래프)가 있었던 것도 아닌데 어떻게 그렇게 정밀하게 분석할 수 있었을까. 현대 음성과학 쪽에서 훈민정음을 연구해 온 한태동, 김석연 선생의 연구를 통해 그런 점이 세세히 밝혀졌다(166쪽 엑스레이 촬영 사진 참조). 훈민정음은 19세기 후반에 와서야 겨우 자리를 잡은 서양의 음성학에 비해 무려 400년 이상 앞선 셈이다.

모음자의 경우는 발음기관이나 발음 작용을 본뜬 건 아니지만 자연의 실체를 상형한 것만은 틀림없다. 자음자와 모음자의 상형 방식이 달랐다는 점 역시 훈민정음의 중요한 특징이다. 소리 나는 방식이 다르면 상형 방식 또한 당연히 달라야 하기 때문이다. 자음자의 발음은 발음기관과 밀접한 관련이 있어 발음기관과 연관된 상형을 했지만 모음자는 특정 발음기관의 구체적 형상과는 관련이 없다. 따라서 모음자는 자연 요소에서 원형문자를 석 자만 상형했다. 우주 만물의 근원 요소인 하늘과 땅, 사람(삼재三才)을 점과 직선으로 상형화했다. 이를 『훈민정음 해례본』에서는 이렇게 설명하고 있다.

· 는 혀가 오그라들고 소리는 깊으니, 하늘이 '자시' 에서 열림인데, 그 모양이 둥근 것은 하늘을 본떠서이다.

ㅡ는 혀가 조금 오그라들고 소리는 깊지도 얕지도 않으니, 땅이 '축시' 에서 열림인데, 그 모양이 평평한 것은 땅을 본떠서이다.

ㅣ는 혀가 오그라지지 않고 소리는 얕으니, 사람이 '인시' 에서 남인데, 그 모양이 서 있음은 사람을 본떠서이다.

이러한 상형에는 두 가지 의미가 있다. 하나는 가장 간단한 점과 직선만으로 모음의 실체를 드러내겠다는 것이고, 다른 하나는 우주 자연의 원리를 담겠다는 것이다. 따라서 한자의 사람 인(人) 자는 사람이 허리를 굽히고 서 있는 옆모습을 그대로 상형했지만 훈민정음은 일직선(ㅣ)으로 상형했다. 모음자는 최소한의 문자만을 상형하고 나머지 글자는 합성해 내는 방식을 취함으로써, 다양한 모음 발음이 복잡한 문자로 상형되는 것을 막았다.

 28자로 이룬 문자혁명 훈민정음

자음과 모음을 확연하게 다른 형태로 상형한 것 역시 과학적 배치라고 할 수 있다. 영어와 같은 서양 알파벳은 자음과 모음의 형태가 확연히 갈라지지 않는다. 하지만 훈민정음은 같은 부류끼리는 비슷한 모양을 띠게 함으로써, 합리적 배합을 가능하게 했다. 따라서 문자 짜임새가 눈에 잘 띄어 좀 더 쉽게 배울 수 있는 길을 열어 놓았다.

훈민정음은
그래픽 문자

　　　　자음자와 모음자 모두, 최소한의 원형문자를 설정하고 그것을 확장하는 방식을 통해 기본문자와 응용문자를 만들어 갔다. 가장 단순한 최소한의 도형(원형문자)을 설정하고 그를 확장해 나가는 방식을 취한 것이다. 마치 과학 최고의 꽃인 컴퓨터가 두 가지 요소(이진법)로 무한대로 확장해 나가듯이, 점과 선과 원만으로 글자를 만들고, 확장과 합체를 통해 확장해 나갔다.

　도형의 원리를 적용하는 주요 전략은 대칭과 획 더하기(가획)이다. 기본 도형의 설계도 중요하지만 배치는 더욱 중요하다. 대칭 구조를 철저히 적용하면 기본 글자와 글자 사이의 관계도 논리적이 되고, 전체 문자의 배치 또한 과학적인 구조를 띠게 된다. 사실 기본 도형만으로 기호를 만들면 저절로 대칭이 될 수밖에 없다. 한 글자 내부의 짜임새로 보더라도, 'ㅂ ㆆ ㅎ ㅇ ㅅ ㅈ ㅊ ㅿ'과 같이 좌우

갈 래				예
점				.
선	직선	가로	긴	—
			짧은	-
		세로	긴		
			짧은	ㅣ
	사선			/ \
원				○

대칭도 있고, 'ㄷ ㅌ'과 같이 상하 대칭도 있다. 'ㄱ ㄴ'은 대각선 대칭을 이루고, 'ㅁ ㅍ ㅇ'과 같은 대각선 좌우상하 대칭도 있다. 'ㄹ'은 대각선 좌우상하 역대칭이고, 'ㄱ ㄴ'은 두 글자 대각선 대칭을 이룬다(172쪽 그림 참조).

모음의 경우는 글자 각각으로 보면 상하좌우 대칭이지만, 기본 글자를 모두 모아 보면 사방 대칭이 된다. 자음과 모음의 결합에서도 비행기에 적용되는 첨단 수학(위상수학) 원리가 반영되어 있다. 곧 기역(ㄱ)을 고정시킨 상태에서 모음 'ㅏ'를 90°씩 회전시키면 '가 → 구 → 거 → 고'와 같이 최소의 공간에서 최대의 글자가 생성된다(172쪽 아래 그림 참조).

그 다음으로, 문자 확장의 주요 전략은 획 더하기와 합체이다. 자음자의 경우, 가획의 원리를 적용해 12자를 확장함으로써 모두 17자의 기본자를 얻었다. 여기서의 이체자는 가획의 원리를 전혀 적용

한 글자 좌우 대칭.

한 글자 상하 대칭.

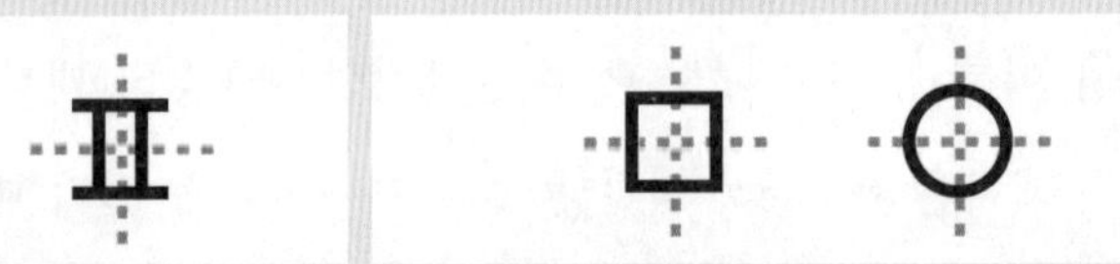

한 글자 상하좌우 대칭.

한 글자 상하좌우 대각선 대칭.

두 글자 대칭.

자음과 모음 결합의 위상 수학 원리.

하지 않은 것이 아니라, 같은 계열의 문자들과는 다른 성격을 가진 것으로 보아야 한다. 이른바 꼭지이응(ㆁ)은, 생긴 것은 목소리 글자들과 같은 계열이지만 소리로는 ㄱ과 같은 계열이다. 소리 성질에 따라 어금닛소리는 목소리에서 이

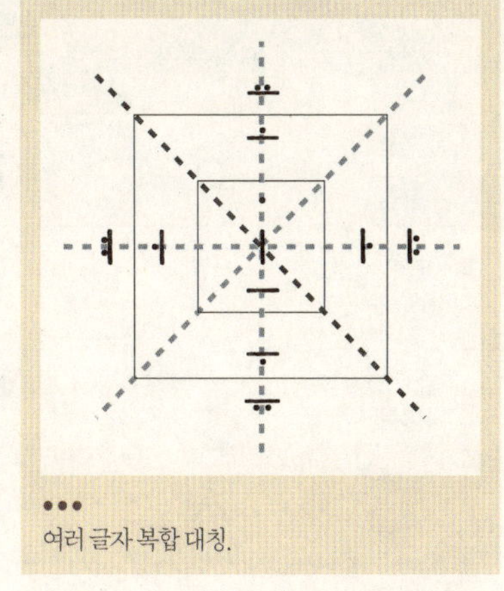

여러 글자 복합 대칭.

어져 나는 소리이므로, 목소리 동그라미에 꼭지(획)를 더해 만들었다. 소리 나는 과정을 반영하다 보니, 이것과 저것을 함께 포함하는 박쥐 같은 기호가 되었다. 반설음과 반치음도 가획의 원리를 벗어난 건 아니지만, 가획의 의미가 없고 소리 성질의 특이성 때문에 특별한 명칭과 더불어 이체자라 한 것이다. 곧 다른 가획자는 획을 더함으로써 거센소리가 되고 원형문자와 논리적 관계에 놓였지만, 이들은 그렇게 논리정연한 자리매김을 할 수 없었다.

『훈민정음 해례본』에서는 그 당시 친숙한 낱말을 통해 위와 같은 기본 자음자의 섬세한 예를 보여 주고 있다.

[첫소리 글자 사용 예]

첫소리 'ㄱ'은 '감(감)', '골(갈대)'의 첫소리와 같으며, 'ㅋ'은 '우케未春稻(우케)', '콩(콩)'의 첫소리와 같으며, 'ㆁ'은 '러울(수

명칭	원형문자	가획자 (1차 가획 → 2차 가획)	이체자
목청소리 (후음)	ㅇ	→ ᅙ → ㅎ	
어금닛소리 (아음)	ㄱ	→ ㅋ	ㆁ
혓소리 (설음)	ㄴ	→ ㄷ → ㅌ	ㄹ (반설음)
잇소리 (치음)	ㅅ	→ ㅈ → ㅊ	△ (반치음)
입술소리 (순음)	ㅁ	→ ㅂ → ㅍ	
글자 수	5자	9자	3자

•••
기본 자음자 17자의 가획에 따른 배치도.

달)', '서·에(성에)'의 첫소리와 같으며, 'ㄷ'은 '뒤(때)', '땀(담)'
의 첫소리와 같으며, 'ㅌ'은 '고·티(고치)', '듣텁(두꺼비)'의 첫소리
와 같으며, 'ㄴ'은 '노로(노루)', '납(원숭이)'의 첫소리와 같으며,
'ㅂ'은 '불(팔)', ':벌(벌)'의 첫소리와 같으며, 'ㅍ'은 '파(파)',
':폴(파리)'의 첫소리와 같으며, 'ㅁ'은 ':뫼(산)', '·마(마)'의 첫소
리와 같으며, 'ㅸ'은 '사·뵈(새우)', '드·뵈(뒤웅박)'의 첫소리와 같으
며, 'ㅈ'은 '·자(자)', '죠·히(종이)'의 첫소리와 같으며, 'ㅊ'은 '체
麗(체)', '·채(채)'의 첫소리와 같으며, 'ㅅ'은 '·손(손)', ':셤(섬)'의
첫소리와 같으며, 'ㅎ'은 '·부헝(부엉이)', '·힘(힘)'의 첫소리와 같
으며, 'ㅇ'은 '·비육(병아리)', '·부얌(뱀)'의 첫소리와 같으며, 'ㄹ'

은 ‘·무뤼(우박)’, ‘**어름**(얼음)’의 첫소리와 같으며, ‘△’은 ‘**아⸱**
(아우)’, ‘**:너ᅀᅵ**(너새)’의 첫소리와 같다.

[끝소리 글자 사용 예]

끝소리 ‘ㄱ’은 ‘**닥**(닥나무)’, ‘**독**甕(독)’의 끝소리와 같으며, ‘ㆁ’은
‘**:굼벙**(굼벵이)’, ‘**올챙**(올챙이)’의 끝소리와 같으며, ‘ㄷ’은 ‘**갇**
(갓)’, ‘**싣**楓(신나무)’의 끝소리와 같으며, ‘ㄴ’은 ‘**신**屨(신)’,
‘**반되**(반딧불이)’의 가운뎃소리와 같으며, ‘ㅂ’은 ‘**섭**(섶나무)’,
‘**굽**(굽)’의 끝소리와 같으며, ‘ㅁ’은 ‘**:범**(범)’, ‘**·심**(샘)’의 끝소리
와 같으며, ‘ㅅ’은 ‘**:잣**(잣)’, ‘**·못**(못)’의 끝소리와 같으며, ‘ㄹ’은
‘**·돌**(달)’, ‘**:별**(별)’의 끝소리와 같다.

모음자의 경우는 먼저 합성 방
식을 적용해 네 글자를 얻었다. 하
늘(·)이 중심이므로 하늘과 땅,
하늘과 사람을 합체했다. 먼저 하
늘과 땅을 합체해 두 글자를 얻었
다. ‘하늘땅(ㅗ)’과 ‘땅하늘(ㅜ)’
이 그것이다. 말 그대로 ㅗ는 하
늘이 위요 땅이 밑이다. ㅜ는 땅
이 위요 하늘이 밑이다. 다음으로

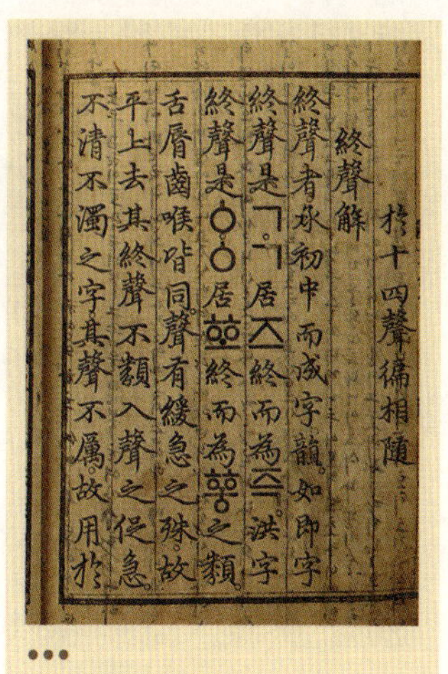

『훈민정음 해례본』 종성해.

하늘과 사람을 합체하니, ‘사람하늘’이면 ㅏ, ‘하늘사람’이면 ㅓ가 되었다. 이 네 자는 하늘과 땅에서 처음 합체해 나왔다고 해서 ‘초출자’라 불렀다.

‘ㅛㅑㅠㅕ’는 문자로 보면 ‘ㅗㅏㅜㅓ’에 각각 획(ㆍ)을 하나씩 더한 격이지만, ‘해례’에서 설명은 “ㅣ에서 시작하여 사람(ㅣ)을 겸하였으니 ‘두 번째 나옴(재출자)’”이라고 되어 있다. 이는 도형 원리보다 소리 특징을 반영해 설명한 것이다. 곧 ㅛㅑㅠㅕ는 ㅗㅏㅜㅓ와 혀의 위치나 높낮이가 같지만, 사람을 상징하는 ㅣ와 결합한 겹모음임을 밝힌 것이다.

또한 『훈민정음 해례본』에서는 기본 모음자 11자에 대해 그 당시 일상 낱말을 통해 섬세한 예를 들고 있다.

가운뎃소리 ‘ㆍ’는 ‘톡(턱)’, ‘폿(팥)’, ‘ᄃ리橋(다리)’, ‘ᄀ래楸(가래)’의 가운뎃소리와 같으며, ‘ㅡ’는 ‘·믈(물)’, ‘·발·측(팔꿈치)’, ‘　(기러기)’, ‘드·레(두레박)’의 가운뎃소리와 같으며, ‘ㅣ’는 ‘·깃(깃)’, ‘:밀蠟(밀)’, ‘·피稷(피)’, ‘·키箕(키)’의 가운뎃소리와 같으며, ‘ㅗ’는 ‘·논(논)’, ‘·톱(톱)’, ‘호·미(호미)’, ‘벼·로(벼루)’의 가운뎃소리와 같으며, ‘ㅏ’는 ‘·밥(밥)’, ‘·낟(낫)’, ‘이·아綜(잉아)’, ‘사·ᄉᆞᆷ(사슴)’의 가운뎃소리와 같으며, ‘ㅜ’는 ‘숫(숯)’, ‘·울(울타리)’, ‘누·에(누에)’, ‘구·리(구리)’의 가운뎃소리와 같으며, ‘ㅓ’는 ‘브섭(부엌)’, ‘:널(널)’, ‘서·리(서리)’, ‘버·들(버들)’의 가운뎃소리와 같으며, 'ㅛ'는 ':죵奴(종)', '·고욤(고욤)', '·쇼(소)', '삽됴蒼朮菜(삽주)'의 가운뎃소리와 같으며, 'ㅑ'는 '남상(남생이)', '약龜鼊(거북이의 일종)', '다·야(대야)', '쟈감(모밀 껍질)'의 가운뎃소리와 같으며, 'ㅠ'는 '율믜(율무)', '쥭(주걱)', '슈룹(우산)', '쥬련(장식용 걸개)'의 가운뎃소리와 같으며, 'ㅕ'는 '·엿(엿)', '·뎔(절)', '·벼(벼)', ':져비(제비)'의 가운뎃소리와 같다.

합체 방식에서 자음자의 경우는 나란히 합치는 병서를 둘 수 있다. 병서에는 같은 글자를 합치는 '각자병서'와 다른 글자를 합치는

	기본자			운용자		
				병서		연서
	원형문자	가획자	이체자	각자병서	합용병서	
아음	ㄱ	ㅋ	ㆁ	ㄲ		
설음	ㄴ	ㄷ ㅌ	ㄹ	ㄸ		(ᄛ)
순음	ㅁ	ㅂ ㅍ		ㅃ	−ㅳ ㅷ ㅄ ㅶ	ᄝ ᄫ ᄬ ㆄ
치음	ㅅ	ㅈ ㅊ	ㅿ	ㅆ ㅉ	−ㅺ ㅥ ㅼ ㅽ −ㅴ ㅵ	
후음	ㅇ	ㆆ ㅎ		ㆅ(ㆀ, ㄴㄴ)		
5자	9자	3자	6자(8자)	10자		5자
기본 문자 17자			병서 16자			연서 5자
초성 23자(ㆀ, ㄴㄴ 포함 25자)				15자		
실제 쓰인 34자(ㅸ 포함)				중국식 표기 3자 기타 ㅇ		
모두 38자(일반 문헌에서만 발견되는 'ㆀ' 'ㄴㄴ' 까지 40자)						

•••
자음자 확장에 따른 구성도.

모음자의 입체 구조도.

합용병서가 있다. 합용병서는 -ㅂ계열로 네 자(ㅲ ㅳ ㅄ ㅵ), -ㅅ계열로 네 자(ㅺ ㅼ ㅽ ㅾ), - ㅄ계열로 두 자(ㅴ ㅵ) 등 모두 10자가 쓰였다. 이런 글자들이 정확히 어떤 발음이 났는지는 아직도 논란이 되고 있다.

자음자를 위아래로 붙여 만든 '연서' 글자도 있다. "ㅇ을 입술소리 아래에 이어 쓰면 입술가벼운소리가 된다."고 하는 순경음이 그것으로, 네 자(ㅱ ㅸ ㅹ 퐁)가 있다. 순경음 비읍(ㅸ)을 제외하고는 실제 우리말에 쓰이지는 않았고, 주로 중국식 발음 표기에 쓰였다.

모음자의 경우, 기본 11자는 위의 그림에서와 같이 완전한 입체 구도를 형성한다.

이 때 만든 모음자는 채 한 세기도 안 돼 현대 모음처럼 바뀌었다(179쪽 표 참조). 점이 짧은 획으로 바뀐 것이다. 아래아(·) 자체는 현대 맞춤법 표준안이 공표되는 1933년까지 살아남아 간간이 쓰였지만, 다른 모음자의 구성소로 쓰인 아래아는 아주 빨리 바뀐 셈이다. 왜 그렇게 빨리 바뀌었는지 정확하게 규명은 안 되지만 미루어 짐작하기는 어렵지 않다. 점에서 짧은 획으로 음가가 바뀐 것은 음가 문제와 표기의 편의성 문제와 맞물린 결과이다. 음가는 초기부터

처음 만든 11자	변형된 현대 모음자 10자
·	
―	―
｜	｜
ㅏ	ㅏ
ㅓ	ㅓ
ㅗ	ㅗ
ㅜ	ㅜ
ㅑ	ㅑ
ㅕ	ㅕ
ㅛ	ㅛ
ㅠ	ㅠ

세종이 처음 제시한 기본 모음자 11자와 변화된 모음자.

흔들렸고, 점을 찍는 표기 방식이 복잡한 모음을 적는 데 어려움을 초래했을 것이다. 그렇다고 현대 모음자처럼 처음부터 만들었으면 아마도 이렇게 조직적인 모음자를 만들어 내지는 못했을 것이다. 『훈민정음 해례본』 저자들은 아래아(·)를 총알에 비유했다(제자해 갈무리 노래). 그야말로 총알처럼 천지사방으로 날 수 있어 입체적으로 쓰일 수 있지만, 짧은 획은 벌써 좌우로 쓰는 짧은 획과 위아래로 쓰는 짧은 획으로 나뉘기 때문이다.

이 밖에도 모음자 두셋을 어울려 만든 새로운 모음자를 다음과 같이 소개하고 있다.

기본자			운용자		
원형 문자	초출자	재출자	두 글자 합친 글자	ㅣ와 한 글자 어 울리기	ㅣ와 두 글자 어울리기
양성	· ㅗ ㅏ	ㅛ ㅑ	ㅘ ㅑ	ㅣ ㅐ ㅕ ㅢ ㅚ	ㅙ ㅙ
음성	ㅡ ㅜ ㅓ	ㅠ ㅕ	ㅝ ㅖ	ㅢ ㅔ ㅖ ㅟ ㅟ	ㅞ ㅞ
중성	ㅣ				
3자	4자	4자	4자	10자	4자
11자			18자		
29자					

•••

모음자 구성도.

한 글자로 된 가운뎃소리(글자)가 ㅣ와 서로 어울린 것이 열이니 ·ㅣ ㅢ ㅚ ㅐ ㅟ ㅔ ㅛ ㅒ ㅠ ㅖ가 그것이요, 두 글자로 된 가운뎃소리 (글자)가 ㅣ와 서로 어울린 것이 넷이니, ㅙ ㅞ ㅙ ㅞ가 그것이다. ㅣ가 깊고, 얕고, 닫히고, 열리는 소리에 두루 능히 서로 따를 수 있는 것은, (ㅣ는) 혀가 펴지고 소리가 얕아서 입을 여는 데 편하기 때문이나, 또한 사람이 만물을 여는 데에 참여하고 도와 통하지 아니한 바 없기 때문이기도 하다.

모음자의 경우, 기본자 11자 이외에 두 글자를 합친 글자 4자, ㅣ와 한 글자를 어울려 만든 글자 10자, ㅣ와 두 글자를 어울려 만든 글자 4자 등 모두 18자를 풀어 보이고 있다.

이미 원형문자의 상형 자체가 소리 성질에 따라 이루어졌다.

 28자로 이룬 문자혁명 훈민정음

목구멍은 깊숙하고 물기가 있으니 '물'에 해당된다. 소리가 비고 거침 없음은 물이 투명하고 맑아 잘 흐르는 것과 같다.

어금니는 어긋지고 기니 '나무'에 해당된다. 소리는 목청소리와 비슷하나 실함은 마치 나무가 물에서 났으되 모양이 있는 것과 같다.

혀는 날카로우며 움직이니 '불'에 해당된다. 소리가 구르고 날림은 불이 굴러 퍼지며 날뛰는 것과 같다.

이는 단단하며 끊으니 '쇠'에 해당된다. 소리가 부스러지며 걸림은 쇠가 부스러지고 불려져 이루어지는 것과 같다.

입술은 모나며 어울리니 '흙'에 해당된다. 소리가 머금고 넓음은 마치 땅이 만물을 품어 간직하면서 넓고 큼과 같다.

『훈민정음 해례본』

위의 설명을 알아보기 쉽게 정리하면, 발음기관과 그곳에서 나는 발음 성질을 얼마나 철저하게 연계시켰는지 알 수 있다.

이러한 소리 성질은 가획이나 합체에서 더욱 두드러진다. 자음자의 경우, 도형의 가획 원리에 의해 17자가 확정되었지만 소리 성질에 따르면 배치가 일부 조정되면서 6자가 추가된다.

기본 글자 17자만 보면, 대괄호 표시에서 보듯이(183쪽 표 참조) 원형문자의 위치가 바뀐다. 이는 발음기관 상형과 발음 작용 상형이라는 두 갈래가 설정될 때부터 예견된 것이다. 발음 성질로 보면, 맑음과 흐림의 정도에 따라 네 갈래가 형성되고, 아주흐림소리 6자가 추가되었다. 지금의 시각으로 보면 맑다 흐리다가 막연하기 때문에 용어를 현대식으로 바꿀 수 있을 것이다.

아주맑음소리 → 예사소리, 버금맑음소리 → 거센소리, 안맑안흐림소리 → 울림소리, 아주흐림소리 → 된소리.

그러나 바뀐 용어들은 어디까지나 현대의 관점이다. 이렇게 바꾸면 '된소리'가 왜 기본 글자에 들어가지 않았을까 하는 의문을 품을 수도 있다. 그러나 '된소리'란 현대인들의 범주이니 당시 사람들의 인식과 다를 수 있다. 굳이 된소리란 범주로 본다면 당시 '아주흐림소리'는 오늘날의 된소리와 같은 성질은 아니었던 듯하다. 왜냐하면 실제 쓰임새에서 오늘날의 된소리와 같지 않기 때문이다. 실제로 『훈민정음 해례본』에서는 "맑음소리글자'를 나란히 쓰면 '흐림소리글자'가 되는 것은, '맑음소리글자'의 소리가 엉기면 '흐림소리글자'가 되기 때문이다."고 하여, '엉긴다'는 표현을 쓰고 있다. 다만 ㅎ는 소리가 깊어서 엉기지 않고, ㆆ은 ㅎ에 비해 소리가 얕아서 엉기어 아주흐림글자(ㆅ)의 바탕글자가 되었다.

이러한 분류는 오늘날의 '예사소리 - 거센소리 - 울림소리 - 된소리' 계열과 일치해, 대단히 뛰어난 소리 분석이었음을 알 수 있다. 그렇기에 문자 변동이 거의 없는 문자 생활을 할 수 있었던 것이다.

모음자의 경우는 양성, 음성, 중성의 삼분법에 의해 분류하고 있다.

소리 성질 발음기관	전청 (아주맑음소리)	차청(버금 맑음소리)	불청불탁(안맑 안흐림소리)	전탁 (아주흐림소리)
어금닛소리(아음)	〔ㄱ〕	ㅋ	○	ㄲ
혓소리(설음)	ㄷ	ㅌ	〔ㄴ〕	ㄸ
입술소리(순음)	ㅂ	ㅍ	〔ㅁ〕	ㅃ
잇소리(치음)	〔ㅅ〕 ㅈ	ㅊ		ㅆ ㅉ
목소리(후음)	ㆆ	ㅎ	〔ㅇ〕	ㆅ
반혓소리(반설음)			ㄹ	
반잇소리(반치음)			△	
	6자	5자	6자	
기본자		17자		6자
초성		23자		

• • •
기본 글자 구성과 전탁자 만드는 법.

ᅩ ㅏ ᅭ ㅑ 의 동그라미가 위와 밖에 있는 것은 그것들이 하늘에서 나서 '양'이 되기 때문이고, ᅮ ㅓ ᅲ ㅕ 의 동그라미가 아래와 안에 있는 것은 그것들이 땅에서 나와 '음'이 되기 때문이다.

『훈민정음 해례본』

아래아(·)가 위와 오른쪽으로 향해 있으면 양이요, 아래와 왼쪽으로 향해 있으면 음이다. 실제로 많은 낱말들이 양성모음으로 되어 있으면 양성의 밝은 느낌, 음성모음으로 되어 있으면 음성의 어두운 느낌을 준다. 이는 '밝야'가 양성모음만으로, '어둡-'이 음성모음

갈래 특징	원형문자	소리 성질	확장문자	
			초출자	재출자
양성(하늘)	·	혀가 오그라드는 깊은 소리	ㅗ ㅏ	ㅛ ㅑ
음성(땅)	ㅡ	혀가 오그라들지 않는 얕은 소리	ㅜ ㅓ	ㅠ ㅕ
중성(사람)	ㅣ	혀가 조금 오그라드는 깊지도 얕지도 않은 소리		

●●●
모음자의 소리 성질에 따른 분류.

만으로 되어 있는 데에서도 잘 알 수 있다. 어느 한쪽에 우월한 가치를 부여하면 흑백논리가 되지만, 하늘과 땅과 같은 자연스런 관계로 보면 질서정연한 자연의 이치가 된다.

훈민정음은
조화로운 문자

훈민정음은 문자와 소리에서 철저한 조화를 추구했다. 이러한 조화의 핵심 원리는 자연과 인간의 소리에 가장 충실하게 만들려는 전략에 이미 담겨 있다. 자연의 이치에 순응하는 자체가 가장 큰 조화 정신이기 때문이다. 그런 조화 정신을 실현하기 위해 음양오행이라는 자연의 이치를 끌어들였다. 또한 가장 조화로운 소리를 살리다 보니 저절로 음악의 가락, 음율과 같은 언어가 되었다.

특히 자음에는 오행을, 모음에는 음양을 적용해, 자음과 모음이 한결같은 조화를 이루도록 했다. 자음자와 모음자의 문자 도형을 달리한 것 역시 조화를 위한 전략이다. 각각의 특이성을 살리면서 서로 잘 어울리는 것이 진정한 조화이기 때문이다.

먼저 자음자부터 자세히 살펴보자.

'해례'에서는 자음자를 어금닛소리부터 설명하고 있다(아설순치후). 이는 중국의 음운학에 따른 것이다. 실제의 발음기관과 작용에 충실한다는 원칙을 따랐다면, 폐에 가까운 목청소리부터 어금니, 혀, 이, 입술소리 순으로 하는 것이 합리적이기 때문이다. 실제 『훈민정음 해례본』 저자들은 이런 점을 염두에 둔 듯이, "오음 중에서 목청소리와 혓소리가 으뜸이 된다."(제자해)고 얘기하고 있다. 이런 순서대로 『훈민정음 해례본』에서 설명하고 있는 소리 성질까지 함께 내보이면 다음 표와 같다(187쪽 표 참조).

오행, 오음, 사철, 방위 등의 상징 의미가 허투루 부여된 것이 아님을 알 수 있다. 목청소리는 목구멍 깊숙한 곳이니 '깊고 윤택'하고 '허하고 통한다.' 마치 유유히 흐르는 '물'과 같고, 봄을 준비하는 겨울의 깊음과 같다. 겨울이니 방위로는 북의 의미가 있다.

그 위의 어금니 부분은 어금니를 꾹 깨물 때의 느낌처럼 '착잡하고 길어' 소리가 '야무지고 실하다.' 물 위에 자라는 나무요, 겨울 다음이니 봄이요, 위치는 봄을 부르는 동쪽이고 음악으로는 '각음'이다.

혓소리의 혀는 '예민하게 움직이는' 기관으로 '구르고 날림'이 특징이니 '불'과 같고, 계절로는 '여름'이고 방위로는 남쪽이며, 음악으로는 '치음'이다.

잇소리가 나오는 이는 '단단하면서 부러지기 쉬운' 기관이라 '부스러지고 걸림'의 소리 성질을 가졌으니 마치 쇠와 같다. 풍성한 결

 28자로 이룬 문자혁명 훈민정음

오음 / 구분	목청소리 (후음)	어금닛소리 (아음)	혓소리 (설음)	잇소리 (치음)	입술소리 (순음)
초성	ㆆㅎㆅㅇ	ㄱㅋㄲㆁ	ㄷㅌㄸㄴ [ㄹ]	ㅅㅆㅈㅊㅉ [ㅿ]	ㅂㅍㅃㅁ
발음기관 성질	깊고 윤택함	착잡하고 긺	예민하게 움직임	단단하고 부러짐	모지고 합함
발음 성질	허하고 통함	야무지고 실함	구르고 날림	부스러지고 걸림	넓고 큼을 머금음
오행	물	나무	불	쇠	흙
오음	우	각	치	상	궁
사철	겨울	봄	여름	가을	늦여름
방위	북	동	남	서	중앙

•••
자음자의 음양오행론 분류.

실이되 떨어지기 쉬운 가을과 같으므로, 방위로는 서쪽이고 음악으로는 '상음'이다.

입술은 '모지고 합함'의 기관이니 '넓고 큼을 머금을 수 있는' 소리 성질이 마치 흙과 같다. 한결 결실로 나아가는 늦여름이요, 모든 방향을 함축하는 중앙이요 음악으로는 '궁음'이다.

이렇게 보면 오행의 의미 적용은 자연과 소리의 조화를 추구하기 위한 것이기도 하고, 상징적 의미를 부여하기 위한 것이기도 하다.

모음자의 경우는 음양의 이치 외에 수리적 배치와 의미를 부여하고 있다. 숫자의 의미 부여를 통해서 자음자에 비해 유동적인 모음자의 체계를 좀 더 짜임새 있게 하려는 의도로 보인다. '해례'에서는 아래와 같이 설명하고 있다.

ㅗ가 처음으로 하늘에서 나니 '천일생수'의 자리요, ㅏ가 다음에 나니 '천삼생목'의 자리다. ㅜ가 처음으로 땅에서 나니 '지이생화'의 자리요, ㅓ가 그 다음이니 '지사생금'의 자리다.

ㅛ가 하늘에서 다시 나니 '천칠성화'의 수요, ㅑ가 그 다음이니 '천구성금'의 수다. ㅠ가 땅에서 다시 나니 '지륙성수'의 수요, ㅕ가 그 다음이니 '지팔성목'의 수다.

물(ㅗㅠ)과 불(ㅛㅜ)은 아직 기(사물의 바탕)에서 떠나지 못해 음과 양이 서로 사귀어 어울리는 시초이므로 오므라지고, 나무(ㅏㅕ)와 쇠(ㅓㅑ)는 음과 양의 고정된 바탕이므로 펴진다. ㆍ는 '천오생토'의 자리요, ㅡ는 '지십성토'의 수다. ㅣ만이 홀로 자리와 수가 없는 것은, 대개 사람은 무극의 정수와 음양오행의 정기가 묘하게 어울리어 엉긴 것으로, 본디 일정한 자리와 성수를 가지고 논할 수 없기 때문이다. 이것은 가운뎃소리 속에 또한 스스로 음양, 오행, 방위의 수가 있음을 말한 것이다.

『훈민정음 해례본』

위의 내용을 숫자 차례대로 나열해 보면 다음의 표와 같다(189쪽 표 참조).

또한 입체 그림으로 그려 보면, 11개의 모음이 그야말로 정형화

	천일생수지위 天一生水之位	하늘(천)에서 생겨나니, 하늘의 수로는 1(일)이고 물(수)이 생겨나는(생) 자리다.
	지이생화지위 地二生火之位	땅(지)에서 생겨나니, 땅의 수로는 2(이)이고 불(화)이 생겨나는(생) 자리다.
	천삼생목지위 天三生木之位	하늘(천)에서 생겨나니, 하늘의 수로는 3(삼)이고 나무(목)가 생겨나는(생) 자리다.
	지사생금지위 地四生金之位	땅(지)에서 생겨나니, 땅의 수로는 4(사)이고 쇠(금)가 생겨나는(생) 자리다.
	천오생토지위 天五生土之位	하늘(천)에서 생겨나니, 하늘의 수로는 5(오)이고 흙(토)이 생겨나는(생) 수이다.
	지륙성수지수 地六成水之數	땅(지)에서 생겨나니, 땅의 수로는 6(육)이고 물(수)이 이루어지는(성) 수이다.
	천칠성화지수 天七成火之數	하늘(천)에서 생겨나니, 하늘의 수로는 7(칠)이고 불(화)이 이루어지는(성) 수이다.
	지팔성목지수 地八成木之數	땅(지)에서 생겨나니, 땅의 수로는 8(팔)이고 나무(목)가 이루어지는(성) 수이다.
	천구성금지수 天九成金之數	하늘(천)에서 생겨나니, 하늘의 수로는 9(구)이고 쇠(금)가 이루어지는(성) 수이다.
	지십성토지수 地十成土之數	땅(지)에서 생겨나니, 땅의 수로는 10(십)이고 흙(토)을 이루어 내는(성) 수이다.
	독무위수 獨無位數	홀로 자리와 수가 없는 것은 무극의 정수와 음양오행의 정기가 묘하게 어울리어 엉긴 것으로, 본디 일정한 자리와 성수를 가지고 논할 수 없기 때문이다.

기본 모음의 음양, 오행, 방위의 풀이.

된 기하 구조로 배치됨을 알 수 있다(190쪽 그림 참조). 숫자의 완벽함과 일치함으로써 풍부하고 복잡한 모음 세계를 일목요연하게 잡

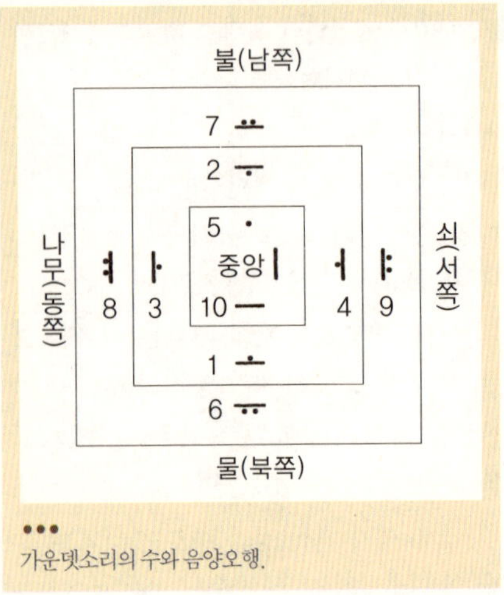

가운뎃소리의 수와 음양오행.

아낸 것이다.

다시 정리하면 모음자에는 음양의 의미 외에 숫자 의미를 부여했다. 모음에 수리적 의미를 부여한 것은 완전수 10을 통해 자음보다 구체적 실체가 불분명한 모음의 체계를 설정하고 그 의미를 강조하기 위해서라고 보인다. 안타깝게도 『훈민정음 해례본』에는 너무 간결하게 풀이해 상세하지 않은 설명도 있다. 이러한 수리적 의미 부여가 바로 그런 경우이다. 물론 이러한 수리적 의미는 세종의 독창적인 생각이 아니라 동양의 고전적인 생각이었다. 하지만 그런 생각을 새로운 문자에 구체적으로 반영한 것은 세종의 창의성이다.

끝소리글자를 따로 만들지 않고 첫소리글자를 그대로 사용한 것은, 순환이라는 자연의 원리를 적용한 조화의 극치다. 당연히 받침글자인 끝소리글자(종성)를 만드는 원리나 방법은 나와 있지 않다. 끝소리글자를 따로 만들지 않고 첫소리글자를 그대로 쓰기로 했기 때문이다. 곧 세종이 직접 쓴 '예의' 편에서는 "종성부용초성終聲復用初聲"이라 하여, 끝소리글자를 첫소리글자로 쓸 수 있다고 했다. 받침 규정으로는 종성해에서는 "然ㄱㅇㄷㄴㅂㅁㅅㄹ八字可足用也. 如 빗곶爲梨花, 엿의갗爲狐皮. 而ㅅ字可以通用."라고 하여, 첫소리글자 중 여덟 자(ㄱ ㅇ ㄷ ㄴ ㅂ ㅁ ㅅ ㄹ)만 받침으로 사용해도 족하다는 규정을 제시했다.

배치 층위: 모아쓰기

자음과 모음을 분리하고 다시 초성, 중성, 종성으로 나누어 문자를 만들었지만, 이러한 개체 요소를 어떻게 배치할 것인가는 아주 중요하고도 골치 아픈 문제였을 것이다. 그런 배치 문제가 '해례'에서 설명 안 된 것으로 보아, 지금 우리가 예상하는 것만큼 어려운 문제는 아니었을 수도 있다. 현대 학자들이 자음자와 모음자를 모두 가로로만 쓰는 풀어쓰기 문제를 가지고 고민하기도 했지만 세종 당대에는 오히려 그리 고민하지 않았을 수도 있다. 영국의 문자학자 샘슨Sampson을 비롯한 많은 학자들이 지적했듯이, 한자 쓰기의 전통을 따랐다고 한다면 더더욱 큰 문제가 아니었을 것이다.

이런 점 외에 더 중요한 의미가 있다. 그것은 배치의 중심이 되는 모음자 자체가 수평과 수직으로 단순 이원화되어 있다는 점이다. 이는 이미 자음자와 모음자의 기본 배치가 구조 차원에서 어느 정도 결정되어 있었음을 의미한다. 자음자와 모음자를 고안한 뒤 음절문자 단위의 배열이 고안되었다기보다, 음절문자 단위의 배치와 자모음자 고안이 동시에 이루어졌다고 볼 수 있다. 또한 절대적인 세로

쓰기 문화에서 수평과 수직에 의한 균형 배치를 이룸으로써, 마치 세로쓰기 시대에 적응하면서도 가로쓰기 시대를 예비한 듯한 결과를 이루어 냈다는 점이다. 결국 훈민정음은 가로건 세로건 종횡무진 부려 쓸 수 있는, 가변성과 가독성이 높은 문자 시스템이었다.

이러한 배치 문제는 문자의 자소字素 범위를 넘어서기 때문에 문자를 만든 원리에 넣을 수 없다고 여길 수도 있지만 그렇지 않다. 문자를 만드는 과정에서 기본 자소를 어떻게 배치할 것인가가 함께 고민되었을 것이고, 그러한 배치를 염두에 두고 기본 자소가 만들어졌을 것이기 때문이다.

일본 문자가 하나의 음절이 하나의 자소로 설정된 통음절문자라면, 훈민정음은 하나의 음절이 자음과 모음으로 분리될 수 있는 분리음절문자이다. 물론 이는 일본 문자와 훈민정음을 구별하기 위한 전략이 아니라, 영어와 같은 음운문자와 구별하기 위한 전략이다. 영어는 음절이 고려되지 않은 문자지만 훈민정음은 음절이 고려된 문자이기 때문이다. 영어는 모아쓰려야 쓸 수 없는 단선 평면문자지만 훈민정음은 모아쓰기와 풀어쓰기가 모두 가능한 입체문자이다. 세종은 한자의 전통 관습에서 크게 벗어나지 않으면서도 독창적이고 간결한 모아쓰기를 개발해 문자의 효율성을 한층 더 높였다. 훈민정음은 세종의 철저한 통합 전략이 있었기에 가능했다. 특히 이상과 현실의 통합, 보편성과 특수성의 통합이 두드러진다.

이러한 모아쓰기 음절글자는 최소한의 자음과 모음을 결합해 최대한의 음절글자를 생성해 내는 과학적 원리의 실용성을 보여 주는 예이다. 현대 자모음만 보더라도, 현대어에서 생성될 수 있는 음절글자는 11,172자나 된다.

받침 없는 음절: 19(첫소리 글자) × 21(가운뎃소리 글자) = 399자
받침 있는 음절: 399 × 27(끝소리 글자) = 10,773자
모두 11,172자

15세기의 자음자와 모음자는 현대말보다 훨씬 많으므로 생성 가능한 글자 수도 더욱 많다. 15세기 자음자와 모음자를 기준으로 계산해 보면, 34,510자나 된다.

받침 없는 음절: 34자×29자 = 986자
받침 있는 음절: 986자×34자 = 33,524자
모두 34,510자

물론 실제 쓰임을 고려하지 않은 결과지만 생성 가능한 문자가 무려 34,510자나 된다. 그만큼 다양하고 폭넓은 소리를 적을 수 있는 가능성이 있었다. 훈민정음을 세계의 모든 언어의 발음기호로 삼아야 한다는 몇몇 학자나 단체들의 주장은 이런 측면에서 설득력이 있다.

구성 방법	문자 구분	초중성 단자음 합성문자			초중성 복자음 합성문자		
초중성합자	좌우 배치자	키	리	비	ㅇㅇ여	쌰	ㅃㅐ
	상하 배치자	구	드	브	끄	쏘	ㅎㅎ
	상좌우 배치자	괴	되	믜	븨		
초중중성합자	좌우하 배치자	감	납	밥	낮	땀	뺙
	상중하 배치자	군	돌	불	훍	둢	훃
	상하우하 배치자	빗	심	활			
중중·초중중	중하 배치자	ᄃ	업				
	좌우하 배치자	기!	끼				

•••

합자의 유형별 자모음 구성 분석도(한글 디지털 박물관).

　　결국 자음과 모음이 만나 순환 대칭 입체 구조를 형성한 것은 과학의 극치다. 곧 자음에 모음을 결합하고 다시 자음을 결합하는 방식에서 체계적인 구조를 이루게 하였다. 특히 초성에 중성을 결합하는 방식이 위상 구조로 설계되었다. 쉽게 말하면 'ㅏ'를 90도씩 회전시키면 'ㅜ ㅓ ㅗ' 등이 생성되는데, 이는 최소 공간에서 최대 음절을 생성하는 원리로 이어진다.

훈민정음은
과학

　　　　'과학'이란 용어는 다양한 의미로 쓰인다. 그렇다면 "훈민정음은 과학적인 글자이다."는 말에서 '과학'의 의미부터 정확히 자리매김해야 한다. 그런 다음 그런 잣대로 '훈민정음'의 특성을 논의해야 옳다. '과학'은 크게 네 가지로 갈라 볼 수 있다. 첫째, 자연과 대립되는 인위적·물리적 속성으로서의 과학으로 기술이나 공학으로 환치되는 과학을 말한다. 둘째, 실체로서의 과학으로 자연 현상을 연구하는 학문으로서의 과학을 말한다. 셋째, 방법론으로서의 과학으로 체계적이고 합리적인 절차와 방법을 말한다. 넷째, 보편성으로서의 과학으로 누구에게나 이해와 설득이 가능한 보편적 지식으로서의 대상을 말한다. 여기서 말하는 '과학' 층위는 둘째, 셋째, 넷째 측면의 '과학' 모두를 아우른다.

　　훈민정음은 자연의 소리를 가장 합리적이고 정확하게 문자로 반

영했다는 점에서 주로 둘째 과학의 특성에 해당된다. 이는 상형의
원리와 도형화의 원리를 통해 설명되었다. 또한 훈민정음은 만든 과
정과 실제 결과가 체계적이고 합리적이라는 측면에서 셋째 과학의
특성을 드러낸다. '원형문자 → 기본문자 → 응용문자'와 같은 확장
과정이 논리정연하다. 최소한의 요소로 최대한의 응용 효과로 나아
가는 것도 과학의 원리다. 앞에서 설명한 대칭 원리도 과학성의 대
표적인 예다. 이른바 초성자, 중성자, 종성자를 합쳐 음절 단위로 모
아쓰는 훈민정음만의 독특한 모아쓰기도, 자음과 모음의 문자과학
을 현실로 실현한 예다. 아무리 잘 만든 자음자, 모음자라 하더라도,
그것이 적절히 배치되지 않으면 의미가 없다. 세종은 자음자와 모음
자를 한자처럼 모아씀으로써 새로운 문자 창제로 인한 충격을 최소
화하고, '초-중-종' 삼분법으로 된 우리말의 표기를 최대한 간결
하게 하는 효과를 거두었다. 모아쓰기의 과학성은 생성 가능한 문자
음절수가 많다는 데에서 증명된다. 합자해의 모아쓰기 전략 때문에
오늘날 우리는 엄청나게 많은 글자를 만들어 낼 수 있다.

　여기서 문제가 되는 것은 앞에서 논의한 역철학의 적용 문제를 과
학 측면에서는 어떻게 볼 것이냐이다. 이 자체는 분명 비과학 측면
이 강하지만, 자연의 소리를 최대한 반영한 문자를 만들기 위한, 또
는 실용 가능성이 높은 문자를 만들기 위한 전략으로 보자는 것이
다. 거시적 관점 또는 담론 차원에서 보았을 때 하나의 과학 시스템
을 이루기 위한 전략이라고 볼 수 있다.

　28자로 이룬 문자혁명 훈민정음

훈민정음의 과학성은 정보화 시대에 이르러 그 진가를 유감없이 발휘하고 있다. 과학의 최고의 집적물이 컴퓨터라면, 그리고 그 컴퓨터에 가장 잘 어울리는 문자가 한글이라면 '훈민정음=과학'이라는 등식이 결코 과장이 아님을 알 수 있다. 휴대전화에서 가장 합리적인 문자 구현이 가능한 것도 그 때문이다.

이렇게 보면 세종은 28자의 간결한 글자 안에 우주 천지자연의 원리를 싸안으면서 과학의 세계를 구축해 놓았다. 이런 문자를 간결하게 해설한 신하들이 그들 스스로 감동을 주체할 수 없었음은 불을 보듯 뻔하다. 그들은 애써 그 감동을 숨기거나 자제하지 않았다. 해서 이렇게 마무리하고 있지 않은가.

旴우라 正정音음作작而이天천地지萬만物물之지理리咸함備비. 其기神신矣의哉재로다 是시殆태天천啓계聖성心심而이假가手수焉언者자乎호.인저.
아아, 정음이 만들어지매 천지 만물의 이치가 모두 갖추어지니, 신기롭기도 하구나. 이는 아마도 하늘이 성스러운 임금님의 마음을 열으사 그 손을 빌려 주심인저!

『훈민정음 해례본』 정인지 서문

5. 훈민정음의 보급과 발전

훈민정음 발전의 원동력은 모든 계층의 힘이었다

창제자와
협력자의 노력

　　　　우리는 흔히 훈민정음은 조선 시대 피지배층이 발전시켜 왔고, 지배층은 한글을 멸시해 왔다고 얘기한다. 일부 맞는 측면도 있지만 진실은 아니다. 민중들이 다 똑같은 민중이 아니듯 지배층도 당연히 한결같지 않았다. 실제로는 지배층의 공식 사용이 매우 중요한 역할을 했다. 지배층과 피지배층이 각각 사용해 온 맥락이 많이 달랐으므로 이분법으로 단정 내리기는 어렵다. 굳이 말한다면 피지배층의 훈민정음 사용이 보이지 않는 힘이었다면 지배층의 훈민정음 사용은 보이는 힘이었다.

　지배층이 훈민정음을 만들어 놓고 이용하지 않았다면 이는 말이 되지 않는다. 특히 왕을 중심으로 본다면, 후대 왕들이 세종만큼 훈민정음을 이용하지는 않았을지라도, 그 어느 왕도 그것을 배척하거나 멀리하지 않았다.

피지배층은 서서히 훈민정음에 힘을 불어넣어 왔지만, 그들은 공교육을 받거나 글자를 깨칠 만한 삶의 여유가 없었다. 그러니 훈민정음은 피지배층이 모두 사용해서 위대한 것이 아니라, 삶의 여유가 없었던 피지배층이 정식 학교가 아닌 곳에서도 쉽게 배울 수 있어 위대했던 것이다. 그러한 언문을 통해 피지배층은 서서히 역사의 주체로 힘을 모아 온 것이다. 더욱 중요한 점은 훈민정음이 모든 계층이 함께 나눌 수 있는 공통어 구실을 했다는 것이다.

세종은 창제자답게 훈민정음을 다양한 방식으로 널리 퍼뜨리려고 노력했다. 세종은 1450년 54세의 나이로 운명했으므로 창제(1443년)부터 치면 7년이요, 반포(1446년)부터 치면 채 4년이 되지 않는다. 혁명적인 문자를 보급하기에는 너무도 짧은 기간이었다. 그러나 세종에게는 결코 짧은 시간이 아니었다.

창제(1443)─『운회』 번역(1444)─최만리 반대 상소 논쟁(1444)─해외 학자 자문(1445)─『용비어천가』 실험(1445)─완성·반포(1446)─공식 문서(의금부, 승정원)로 실천(1446)─언문청 설치(1446)─문서 담당 하급 관리 시험제도 시행(1446)─다음 과거부터 모든 관리 시험에 훈민정음 실시 예고(1447)─최초의 언문 산문책『석보상절』 간행(1447)─세종 친제『월인천강지곡』 간행(1447)─사서 번역 지시(1448)─정승 비판 언문 벽서 사건(1449)

창제부터 투서 사건까지 아주 짧은 기간이었지만 그 흐름을 보면 훈민정음을 널리 퍼뜨리기 위해 필요한 정책들을 철저히 시행했음을 알 수 있다. 세종은 언문을 반포한 지 한 달 만에 실제 공문서를 발행하고(1446.10.10), 두 달도 안 돼 훈민정음 전문 관청(언문청)을 설치한다(11.8). 이 날 기록에 『태종실록』을 언문청으로 가져와 『용비어천가』를 더 보충하게 했다는 내용이 있는 것으로 보아, 언문청이 훈민정음 관련 전문기관임을 알 수 있다. 사실 훈민정음 관련 정책에 집현전 학사들이 많이 관여해, 마치 집현전이 훈민정음 전문기관인 것처럼 생각하는 사람들이 많지만 집현전은 훈민정음과 직접 관련은 없다. 또한 집현전 학사들 모두가 훈민정음 관련 일을 한 것도 아니다. 더욱이 집현전 학사들 가운데에는 최만리·정창손과 같은 꼬장꼬장한 반대파들도 꽤 있었으므로 세종은 전문기관을 설치할 수밖에 없었을 것이다. 이 언문청은 중종 1년(1506년) 9월 4일에 없어졌으니 60년, 반세기 이상을 존속하면서 대단히 큰 역할을 했음을 알 수 있다.

그 다음 달인 12월, 반포 3개월도 안 돼 "문서 담당 하급 관리를 뽑을 때는 훈민정음을 시험하게 하되 뜻은 모르더라도 쓸 줄 알면 뽑아라."고 했고, 6개월 만에 과거 시험의 필수과목으로 제도화했다.

또한 세종은 둘째 아들 수양대군에게 우리나라 최초의 산문 작품인 『석보상절』을 훈민정음으로 쓰게 했다. 세종 29년(1447년)에 나온 이 책은 석가의 가계도와 일대기를 그렸다. 세종은 아들이 지은 이 작품

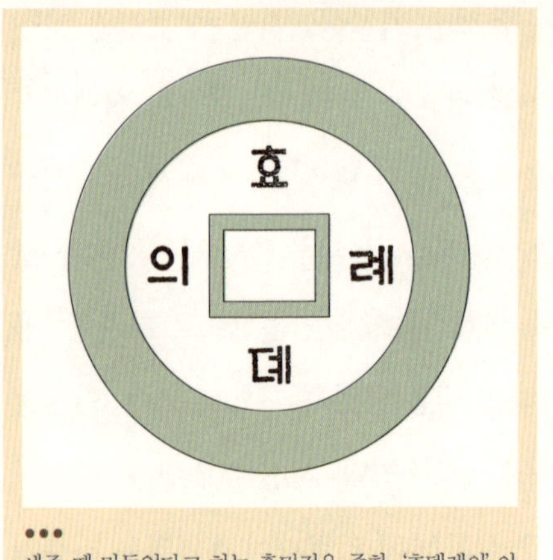

세종 때 만들었다고 하는 훈민정음 주화 '효뎨례의' 의
문양.

을 참고해 직접 석가를 칭송하는 책을 언문으로 지으니 그것이 『월인천강지곡』이다.

(1) 海東 六龍이 ᄂᆞᄅᆞ샤 일마다 天福이시니 古聖이 同符ᄒᆞ시니

— 『용비어천가』 1장

(2) 世솅尊존이 象썅頭뚷山산애 가샤 龍룡과 傀귕神씬과 위ᄒᆞ야 設셇法법ᄒᆞ더시다

— 『석보상절』 6권 1장

(3) 세世존尊ㅅ일 ᄉᆞᆯ보리니 먼萬리里외外ㅅ일이시나 눈에 보논가 너기ᅀᆞᄫᆞ쇼셔 세世존尊ㅅ말ᄉᆞᆯ보리니 쳔千지載쌍上ㅅ말이시나 귀예 듣논가 너기ᅀᆞᄫᆞ쇼셔

— 『월인천강지곡』 其二

최초의 훈민정음 문헌인 『용비어천가』가 한자와 섞어 쓰고, 최초의 산문집인 『석보상절』이 한자를 앞세운 데 비해, 세종이 직접 지

은 『월인천강지곡』에서는 훈민정음을 앞세웠다. 세종이 아무리 훌륭한 문자를 만들었다 하더라도, 이러한 실질적 노력이 없었다면 실용적 보급은 어려웠을 것이다.

훈민정음 보급 측면에서 더욱 다행인 점은 창제의 주요 협력자인 세종의 첫째 아들 이향과 둘째 아들 이유가 각각 문종, 세조로 왕위를 이어 갔다는 것이다. 그렇지만 문종은 재위 기간이 2년 3개월밖에 안 되고, 게다가 『문종실록』 가운데 문종 1년(1451년) 12월과 문종 2년(1452년) 1월, 두 달 동안의 기록이 전하지 않아 전모를 파악하기 어렵다. 다만 문종이 『동국정운』을 진사시 과목으로 정하고, '정음청' 이란 언문 관련 기관을 운영한 것으로 보아, 적극적인 언문 정책을 이어 갔을 것으로 짐작된다. 실질적인 보급과 성과는 또 다른 창제 협력자인 둘째 아들 세조에 의해 이루어진다.

세조는 외국에 사신으로 나가 있으면서도 국내 출판에 대해 외국에서 지시를 내릴 만큼 문화 정책에 관심이 많았다. 특히 간경도감(1461.6.16)을 설치해 불경 언해를 많이 찍어 언문이 널리 퍼지는 데 큰 역할을 했다. 세조의 더욱 큰 업적은 한문으로 되어 있는 『훈민정음 해례본』 중 가장 중요한 '예의' 부분을 언해한 『언해본』을 간행했다는 것이다. 이 『언해본』은, 누가 언제 언해했는지는 알 수 없지만, 세종 당시 수양대군이 직접 지은 『석보상절』과 부왕이 지은 『월인천강지곡』의 합본인 『월인석보』(1459) 앞부분에 실려 있었다. 이 『언해본』은 언문이 널리 퍼지는 데 음으로 양으로 결정적인 역할

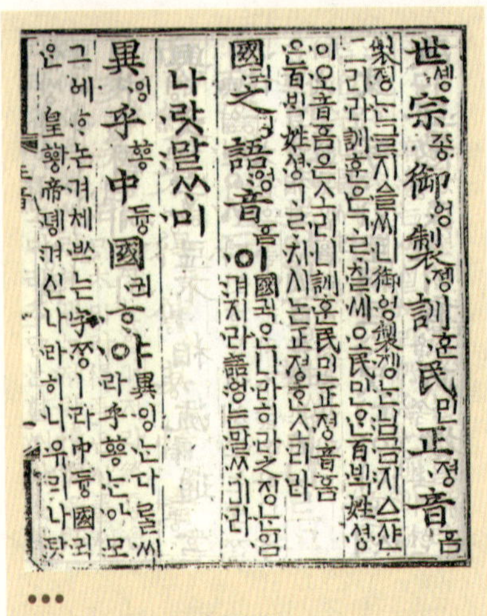

『훈민정음 언해본』(희방사본).

을 했다. 이 책은 세조 때 발간되었지만 세종 때 언해되었을 것으로 추정한다.

세종 말년에 『삼강행실』과 같은 유교 문헌이 아닌 불교 책을 언해한 것은 두 가지 이유로 생각해 볼 수 있다. 가장 직접적인 이유는 왕비의 죽음과 같은, 인간으로서 어쩔 수 없는 슬픈 마음 때문일 것이다. 당시 백성들의 실제 삶이 불교 쪽에 가까워, 불교 책을 통해 언문을 보급한다는 의도도 있었을 것이다. 이에 앞서서는 지배층을 위한 『용비어천가』의 간행, 관리 시험 등을 통해 중간 관리층이 배울 수 있는 여건을 조성했으므로, 이제는 불경을 통해 하층민에 접근할 수 있는 길을 찾았을 것이다. 물론 유교 경전보다 불경을 먼저 언문으로 번역한 것은, 이두나 구결(한문의 구절 끝에 다는 토)을 통해 불경을 우리식으로 읽는 법이 발달되어 왔기 때문이다. 따라서 한문으로 된 『훈민정음 해례본』의 '예의' 부분만 세조 때 발행한 불경 『월인석보』에 붙여 간행했던 것이다. 책을 읽거나 읽게 만드는 일종의 길라잡이 구실을 한 것이다.

28자로 이룬 문자혁명 훈민정음

지배층의
제도적 노력

　　　　조선 시대 사람들의 입말은 조선말 하나였지만, 훈민정음 창제 이후 문자 생활은 한문, 이두문, 언문, 혼합문 등 여럿이었다. 즉 한문만이 공식 문자는 아니었다. 비주류 문자인 이두문과 언문도 공식 문자로서 큰 역할을 했다.

　세종이 자신이 만든 언문만의 세상이 올 것이라고 예상했는지는 알 수 없다. 다만 언문이 한문에 버금가는 역할을 하기를 바랐고, 실제 그런 노력을 기울였다. 그 중 한문 글을 언문 글로 옮기는 작업에 많은 힘을 기울였다. 이를 '언해'라고 불렀다. 이 작업을 매우 중요하게 여겨서, 조선 시대 헌법이라 할 수 있는 『경국대전』에 다음과 같이 규정해 놓았다.

　『삼강행실』을 언문으로 번역하여, 서울과 지방의 양반 사대부의 가장·마을 대표 또는 가르칠 만한 사람들로 하여금 부녀자·어린이들을 가르쳐 이해하게 하고, 만약 대의에 능통하고 몸가짐과 행실이 뛰어난 자가 있으면 서울은 한성부가, 지방은 관찰사가 왕에게 보고해 상을 준다.

—『경국대전』 권3

또한 『경국대전』은 훈민정음을 당당한 과거 시험 과목으로 명시했다.

[녹사 錄事] 매년 정월과 7월에 실시한다.
—강講: 오경 중 1, 사서 중 1, 『대명률』, 『경국대전』
—제술製述: 계본啓本·첩정牒呈·관關 중 1
—서산書算: 해서楷書·언문諺文·행산行算(밑줄은 글쓴이)

『경국대전』은 태조 때 제정하고 성종 2년(1471년)에서 16년(1485년) 사이에 수정·보완해 완성한 조선의 통치 법전이다. 이 법전에 언문을 통한 교화 정책을 명문화하고 있다는 건 대단히 중요한 의의가 있다. 최고 법전에 실려 있다는 것은 그만큼 언문이 지배층에 중요하다는 뜻이고, 공식 문자로서의 가치를 지니고 있다는 뜻이다.

세종과 세조의 불경 언해 정책은 성종, 중종 때의 언해를 통한 본격적인 교화 정책의 효율성을 높이는 밑거름이 되었으며, 성종 2년에 불경 위주의 간경도감이 폐지된 것은 바로 유교 중심의 교화를 위한 언해 정책의 시발점이 된 셈이다. 간경도감이 폐지된 지 1년 뒤, 언문 완성 26년 뒤인 성종 3년 때의 다음 기록은 사대부 관리들이 비로소 백성에 대한 교화 정책에 자신감을 가졌음을 보여 준다.

……의정부에서 아뢰기를, "청컨대 임금님의 교지를 인쇄하도록 하여 한성부와 모든 도의 여러 고을에 반포해, 관문과 마을 시장, 촌락, 시골 곳곳에 걸어 두도록 하여, 위로는 크고 작은 신하들로부터 아래로는 궁벽한 곳에 사는 작은 백성들에 이르기까지 성상께서 백성을 인도하는 지극한 뜻을 모르는 바 없게 하여, 각각 깨닫고 살피는 마음을 품어 스스로 곤궁한 짓을 남기지 말게 할 것입니다. 이와 같이 하여도 오히려 뉘우쳐 고치지 않는 자가 있으면, 이는 스스로 허물을 불러들이는 것이니, 벌을 주어 용서해 주지 않는 게 어떻겠습니까?" 하니, 임금이 언문으로 번역하고 인쇄하여 전국 곳곳에 반포해; 부인과 어린이들까지도 두루 알지 아니함이 없도록 하라고 명하셨다.

― 성종 3년(1472년) 9월 7일(음력)

이런 흐름 속에서 『향약집성방』, 『구황촬요』 등 일반 백성들에게 꼭 필요한 언해서들이 적극적으로 반포된다.

이 밖에 언문은 왕과 관리층의 교육에도 필수적이었다. 현종 7년

(1666년) 10월 11일자 상소문에 따르면, "원자가 현재 강독하고 있는 책을 다 마치면 『소학』을 강독해야 하는데, 언해에 잘못된 곳이 꽤 있으니 지금 바로잡아야 하겠습니다."라는 언급이 있다. 사대부들이 한문을 배울 때 언해서가 필수였다는 기록은 이 밖에도 아주 많다.

이런 흐름 속에서 임금이 백성에게 알리는 언문 교지가 등장한 건 언문 역사의 자연스런 발전이었다.

선조 임금의 언문 교지

빅셩의게 니르는 글이라. 님금이 니르샤디 너희 처엄의 예손디 후리여셔 인ᄒ여 ᄃ니기는 네 본 ᄆᆞᆷ이 아니라. 나오다가 예손디 들려 주글가도 너기며 도르혀 의심ᄒ오디 예손디 드럿던 거시니 나라히 주길가도 두려 이제ᄃ리 나오디 아니ᄒ니 이제란 너희 그런 의심을 먹디 말오 서르 권ᄒ여 다 나오면 너희를 각별히 죄주디 아닐 ᄲᆞᆫ 아니라 그 듕에 예를 자바 나오거나 예ᄒᄂ 이를 ᄌᆞ셔 아라 나오거나 후리인 사ᄅᆞᆷ알 만히 더브러 나오거나 아ᄆᆞ란 공 이시면 냥쳔을 론ᄒ여 벼슬도 ᄒᆞ일거시니 너희 싱심도 젼의 먹던 ᄆᆞ음믈 먹디 말오 ᄲᆞᆯ리 나오라.

백성에게 이르는 글이라. 임금께서 말씀하시되, 너희가 처음 왜놈들에게 휘둘려 다닌 것은 너희들 본마음이 아니니, 나오다가 왜놈들에

     28자로 이룬 문자혁명 훈민정음

게 붙들려 죽을 것인가 여기며, 도리어 의심받을까 왜놈들에게 끼어 들었던 것이니, 나라가 죽일까 두려워 이제까지 나오지 아니하니 이제는 너희는 그런 의심을 먹지 말고 서로 권하여 다 나오면 너희를 각별히 죄주지 아니할 뿐 아니라, 그 중에 왜놈을 잡아 나오거나 왜놈들이 하는 일을 자세히 알아 나오거나 잡혀 있는 사람과 많이 더불어 나오거나 하는 등의 공이 있으면 평민과 천민을 막론하고 벼슬도 할 것이니, 너희 진심이 전에 의심하던 마음을 먹지 말고 빨리 나오라.

— 만력 21년(1593년) 9월

임진왜란 때 선조 임금이 왜적에게 잡혔거나 빌붙은 백성들에게 꾀를 써서 빠져나오기를 권유하는 「백성에게 내리는 글」이다. 이는 '언문'의 효용성을 잘 나타내는 좋은 보기로, '임금이 국가'인 권위주의 체제 아래에서 일반 백성들이 임금의 말을 직접 읽을 수 있게 된 건 놀라운 발전이었다.

영·정조 때에 이르면 "구휼에 관한 윤음綸音을 한문과 언문으로 옮기고 베껴 방방곡곡에 알리게 하다."(정조 7년 9월 7일)라고, 국가 포고문을 언문과 한문으로 동시에 발표한다. 이 밖에도 언문은 외교 문서로도 활용된다. 경종 원년(1720년) 11월 14일, 중국에 사신으로 간 고부사 이이명 등이 경종의 비인 단의 왕후 심씨의 추후 책봉과 계비인 선의 왕후 어씨의 책봉 때문에 청나라에 갔다가, 청나라에서

트집을 잡아 이들 왕후의 미리 책봉과 나중 책봉을 거부하자 연경에
서 이 사실을 언문서로 국내 조정에 알렸다. 아마도 비밀 유지 때문
이 아니었나 싶다.

28자로 이룬 문자혁명 훈민정음

왕실 여성의
제도적 언문 사용

조선 시대 훈민정음 보급의 일등 공로자는 왕실 여성이었다. 권력의 중심부에 있던 이들은 자신들이 발행한 공문서에 언문만을 썼기 때문이다. 이들이 발행한 공식 문서를 '내지'라고 불렀다. 비록 남성 왕족이나 관리들과는 격이 다른 처지였지만 실제 권력의 핵심부에 있어서, 오히려 남성 관리들의 언문 사용을 유도했다. '언문'이 단지 낮춤말이 아닌 실질적인 힘을 가진 말로 쓰일 수 있었던 건 바로 이들의 이런 구실 때문이었다.

광해 원년(1608년) 2월 14일자 기록에 따르면, 대왕대비의 언문 내지에 계자(왕의 직인)를 찍어 빈청에 내리기를, "다섯 번째 언덕이 두 번째 언덕만 못하지 않아 조금도 부족한 점이 없으니, 모쪼록 한 언덕에 두 무덤을 쓸 만한 곳을 얻어서 정하도록 하라."고 나온다. 왕의 직인을 찍었다는 사실은 언문 내지가 공문서 구실을 제대로 했음을 보여 준다.

인조 반정 후, 인조 1년(1623년) 윤 10월 7일, 사헌부에서 죽은 영창대군에게 시호를 내리는 문제로, 인목대비가 승정원에 언문 서찰을 내린 것이 문제가 있음을 아뢴다. 대비가 핵심 권력기관에 언문 공문을 내린 것이다. 이는 공식적으로는 안 되는 것이었으므로 문제가 되었다. 그러나 인조는 시호를 내리는 것이 나쁜 일이 아니므로 문제 삼지 말라고 했다. 공식적으로는 안 되는데 실제로는 공식 효과가 있어, 언문 보급 측면에서는 긍정적이었다는 것이다. 또한 왕이 아프거나 어리면, 이를 돌보는 왕실 여성 정치인이 일반 백성들에게까지 공식적으로 언문 교지를 내릴 수 있었다.

더욱 중요한 사실은 왕실 여성과 남성 관리 사이에는 쌍방향 모두 언문으로 주고받았다는 것이다. 남존여비 시대라고 여성의 지위를 막연하게 생각해서는 안 된다. 계급 관계에서는 상층의 여성이 하층의 남성보다 지위가 당연히 높기 때문이다. 그 당시 신분 질서를 옹호하자는 것이 아니라, 그런 신분 질서 아래의 언문 사용이기에 더욱 중요하다. 곧 왕실 여성들이 어떤 상황에서 어떤 맥락으로 언문을 사용했는가가 중요하다. 결국 핵심은 한문을 주류 문자로 삼아 권력을 행사하던 남성 사대부층과 왕실 여성 사이의 언문 사용이 어떤 의미가 있느냐는 것이다. 그동안 밝혀진 조선 시대의 글말 사용 양상은 다음과 같다.

(1) 사대부 남성들 가운데 일부는 한문, 이두, 언문을 두루 사용
할 줄 아는 다중 언어 사용자였다.

(2) 중인 남성 관료들은 이두, 언문을 두루 사용하고 한문 사용이
가능했다.

(3) 평민이나 천민 남성들은 일부만이 언문 사용이 가능했다.

(4) 지배층 여성들은 언문을 두루 썼고 한문 사용이 가능했다.

(5) 피지배층 여성들은 일부만이 언문 사용이 가능했다.

위와 같은 구도로 보면, 지배층 여성들의 한문 사용은 극히 미미
했을 것이나, 언문은 계층에 관계없이, 상대에 관계없이 광범위하게
사용되었다. 그렇다면 여성과 남성의 글말 소통이 어떻게 이루어졌
는가가 문제다. 여성이 남성에게 글말을 전달할 때는 반드시 언문을
사용했고, 또 남성이 여성에게 글말을 전달할 때도 반드시 언문을
사용했다.

여기서 중요한 점은 여성이 비록 한문 해득 능력이 있다 하더라도
여성과의 소통에서 남성은 예외 없이 언문을 사용했다는 것이다. 왕
실 여성과 남성들 사이에도 이 점은 그대로 적용되었다. 이를테면
"내시가 중궁의 언교(언문 교지)를 원상(영의정) 김창집에게 전달했
는데, 그 글에 이르기를……"(숙종 46년 6월 8일)이라는 글은 중전이
영의정에게 언문서를 전달한 것이다. 이와는 반대로, "영평 부원군
윤개 외 여럿이 언문서로 중전에게 아뢰기를 … 하니, 중전이 언서

로 답하기를."(명종 20년 9월 17일)과 같이, 사대부 관리가 왕실 여성에게 언문으로 보고한 사례도 있다(강조는 글쓴이).

위 기록을 보면, 남성 대신들과 왕실 여성이 한문이 아닌 언문으로 공문서를 주고받았음을 알 수 있다. 중전을 실질적인 권력자 또는 자신들과 같은 지배 권력으로 본 것이 아니라, 단지 높여야 할 '여성'으로 보아 언문을 사용했다고도 할 수 있다. 중요한 점은 중전이 한문 해득 능력이 있었을 텐데도 언문을 사용했다는 것이다. 언문을 최소한 공적 소통 도구로선 인정한 셈이다.

이런 흐름이 있었기에 혜경궁 홍씨가 지은 『한중록』 같은 왕실 여성의 소중한 기록문학이 나올 수 있었다.

『한중록』은 정조의 어머니이자 사도세자의 부인인 혜경궁 홍씨가 남편의 비참한 죽음을 비롯한 역사의 현장을 기록한 자전적 회고록이다. 언문만으로 역사의 흐름과 개인의 섬세한 감정을 치열하게 그린 기록문학의 꽃이다.

　『한중록』의 섬세하고 유려한 우리말 표현은 여인의 한에 대한 갈등을 더한층 깊게 해 주어 역사적 사실과 더불어 그 뜻을 캐어 보게 한다.

　이제 우리는 조선 시대 언문 사용에서 여성의 역할이 컸다는 인식에서 더 나아가, 여성을 중심으로 계급과 계층을 넘나드는 다양한 소통이 가능했다는 점에 주목할 필요가 있다. 핵심 지배 권력의 중심부에 있었던 왕실 여성들의 철저한 공적 사용은 언문의 발달에 결정적인 역할을 했다. 그들의 언문서는 왕의 관인(직인)을 통해 공적 소통의 지위를 부여받았고, 『조보』 등을 통해 한문 번역문과 공존했다.

백성들의
제도적 언문 사용

　　　　　　세종이 비록 하층민들의 억울함을 표현하라는 의도로 훈민정음을 만들었지만 이는 실제 현실 속에서는 무척 어려웠을 것이다. 그렇지만 그런 가능성을 열어 놓았고, 많지는 않지만 그런 사례가 실록에까지 실려 있는 것으로 보아 점차 확장되어 나갔음을 알 수 있다. 특히 제도나 공문서 차원에서 사용된 중요한 예도 있다.

　훈민정음이 반포된 지 23년 뒤인 예종 1년(1469년)에는 중 신미가 『금강경』과 『법화경』에 능하지 못한 자를 환속시킨다는 말을 듣고 언문으로 상소해 벌을 받았다고 한다. 신미가 세조 때 왕사를 지냈고 『월인석보』 간행에 깊숙이 관여하기는 했지만, 정통 사대부가 아닌 신분으로 언문 상소문을 올렸다는 건 중요한 의미를 지닌다. 비록 처벌을 받았지만 언문 상소문 자체가 문제 된 건 아니었다.

또한 중종 4년(1509년) 9월 11일자에 "철비가 언문으로 종의 신분을 면해 줄 것을 상언上言함에 죄를 살펴 벌을 주었다."는 기록도 있다. 이는 여성에 의한 최초의 상언이다. 철비는 종의 신분이었지만 원래는 왕실 여자였다고 한다. 그런데 사대부 집안에 시집 왔다가 종의 신분으로까지 추락했다. 철비는 이과李顆의 어머니인데, 이과는 갑자사화 때 전라도로 유배를 간 문신이었다. 그곳에서 1506년 박원종보다 먼저 거병을 했으나 간발의 차로 박원종 파에게 공을 빼앗긴다. 그래도 공신에 임명되지만 관직이 낮자 1507년 역모를 일으켰다 사형 당한다. 철비는 이 때 노비로 강등되었던 것으로 보인다.

광해 2년(1610년)에는 사대부 부인이 핵심 중앙 관청인 의금부에 상언한 기록이 있다. 음력 5월 5일 의금부가 광해 임금에게 아뢰기를, "죄를 받고 죽은 이홍로의 처 기씨奇氏가 언문으로 쓴 쪽지글(단자)을 가지고 와서 당직청에 올렸습니다. 그런데 언문으로 상언하는 일은 전례가 없으나 대신과 관계되어 사정이 절박하므로 부득이 받아들이지 않을 수 없었다는 뜻을 감히 아룁니다." 하니, 광해가 알았다고 전교하였다. 그런데 이 사건은 의외로 파장이 컸다. 닷새 뒤 의금부 관리들이 언문 상소를 얼떨결에 접수는 했지만 법에 어긋나니 이 여인을 벌 줄 것을 임금에게 아뢰자 광해는, "대신과 관계된 일이므로 일상적인 법규에 구애받을 필요는 없다. 받아들이는 것이 옳으니 대죄하지 말라."고 면죄부를 준다. 그로부터 엿새 뒤에는 사간원까지 들고일어나 문제를 삼았지만, 광해 임금은 억울한 일을 당한 부인의 처지로 볼 때 언서로 상언하는 것이 지장이 없음을 들어 사간원의 언문 상언 비판을 물리쳤다.

여기서 중요한 점은 여성이 언문으로 공식 문건을 작성하여 관청에 접수했고 지배층이 이를 수용했다는 것이다. 이는 임진란을 거치면서 사회 분위기가 많이 바뀌었기 때문에 가능했다고 보인다.

이 밖에도 관청에 올린 언문 소장이나 서장 등도 있다. 성종 21년 (1490년)에 "정희의 종 남편 정의손이 수춘군 아내가 가져온 언문 서장을 진서로 바꾸어 금부에 올리고, 같이 올린 언문 장초도 정의손이 지었다."(11월 13일)는 기록이 있다. '서장書狀'은 자유롭게 왕래된 문서의 총칭이다. 사적으로 오가면 서간·간찰이 되고, 공적으로 오가면 공문서가 되는 문서를 말한다. 이러한 자유로운 성격 때문에 공문서로서의 가치는 떨어지지만 대신 일반 백성들이 두루 이용한 듯하다.

정의손 사건은 종 남편이 한문과 언문 서장을 자유롭게 다룬 특이한 사례이다. 문서 위조 사건이었으므로, 글에 비상한 능력을 가진 자가 사건의 중심에 등장하게 되었다. 더욱 중요한 점은 언문 완성 44년 만의 기록에서 언문 서장이 한문 서장과 더불어 같이 논의된 것이다.

'소장疏章'은 상소하는 글을 말한다. 선조 33년(1600년)에는 "의정부의 요청에 따라 황백인 부자의 언문 소장(언서)에 대해 논의하다.”(9월 1일)는 기록이 있고, 숙종 15년(1689년)에는 아예 언문 소장을 ‘언장’ 이라 하여 “유두성이 말하기를, 이대헌이 누이동생에게 언장을 순찰사에게 바치게 했다.”(4월 18일)는 기록도 있다.

영조 19년(1743년) “정몽주 후손 중 늙은 부인이 언단諺單을 올려 제사 지낼 것을 청하다.”(2월 5일)는 기록에서는 역사의 면면을 엿볼 수 있다. 언단은 언문으로 된 짧막한 건의서를 말한다. 영조가 이 사건을 허락하면서 자신의 조상에 의해 죽임을 당한 정몽주에 대해 어떻게 생각했을지 궁금하다.

언문의 반제도적
사용과 의의

무릇 모든 도구는 양면적이고 복합적이다. 훈민정음은 쉬운 문자 도구이므로 쓰임새가 많을 수밖에 없다. 또 창제자가 만든 의도대로만 쓰인 것도 아니다. 그래서 허조 같은 신하는 쉬운 문자(이두)를 가르치면 백성들이 지배층을 욕하는 데 사용할 수 있다고도 했다. 세종이 이런 양면성이나 다양한 쓰임새를 몰랐을 리 없다. 그러나 구더기 무섭다고 장을 안 담글 수는 없는 노릇이다.

훈민정음이 지배층에 대한 저항의 도구로 쓰인 건 자연스런 흐름이다. 이미 세종 당대에 핵심 관료인 하 정승을 비난하는 글을 벽에다 쓰는 벽서 사건(1449)이 일어날 정도였다.

사관은 "하연河演은 까다롭게 살피고 또 노쇠하여 행사에 착오가 많았으므로 어떤 사람이 벽 위에다 언문으로, '하 정승아, 또 공사를 망치지 말라.' 고 썼다."고 아예 그 내용까지 기록해 놓았다. 훈민정음 반포 3년 만의 기록이니, 아마도 훈민정음을 가장 활발히 배웠던 하급 관리가 하 정승의 잘못된 정책으로 피해를 입고 써 놓았을 것이다. 하연은 세종 즉위 후에 예조참판, 대제학, 좌찬성을 거쳐 영의정에까지 오른 주요 정치인이었다. 이 사건에서 중요한 점은 훈민정음이 지배층에 대한 저항 도구로 쓰였다는 것이다. 또 훈민정음이 한양을 중심으로 꽤 널리 퍼져 있었음을 보여 주는 사건이기도 하다. 이는 최초의 실록 기록일 뿐만 아니라, 세종 당대의 핵심 지배층에 대한 투서라는 데 의미가 있다. 세종의 과학적인 창제와 보급 정책이 성공적이었음을 보여 주는 역설적인 사건이기 때문이다.

중종 11년(1516년) 8월 8일자(정사)에 "세종 조에 허계許誡가 지나치게 사치하므로 법사法司가 이를 금하니, 사헌부의 문에 언서로 써 붙이기를, '너의 낯가죽을 벗겨서 내가 신발을 만들어 신었느냐, 어찌 이다지도 심하게 하는가?' 하였습니다."라는 기록으로 보아, 이 외에도 세종 당대에 이미 익명서 사건이 더 있었을 것이다.

훈민정음이 백성들 사이로 더욱 활발하게 보급된 성종 조에는 농민보다 더 신분이 낮은 상인들에 의해 훈민정음 투서 사건이 일어난다. 성종 16년(1485년) 7월 17일, 호조판서 이덕량이 참판 김승경과 함께 임금께, 시장 사람들이 자신들을 비방하는 투서를 자신의 동생 집에 투서했다고 하면서 언문으로 된 투서 두 장을 바쳤다. 거기에는 시장 재배치는 공적인 일에서 나온 것이 아니라, 호조판서가 자기 아들 때문에, 그리고 참판이 뇌물을 받아 그런 정책을 편 것이라고 하는 구체적인 비판이 적혀 있었다. 이 밖에도 신정, 윤필상 등을 비방하는 내용이 담겼다. 아쉽게도 성종은 진상을 파악하기보다는 나라의 기강을 들어 일벌백계를 지시한다. 한자가 아닌 언문으로 투서했고 또 내용이 구체적이므로 범인을 색출하라고 지시한다. 이 시장 재배치 정책에 반대했던 철물전, 명주전 상인들을 중심으로 해서 언문을 쓸 줄 아는 사람들이 무려 79명이나 옥에 갇힌다. 9개월 동안의 대형 옥사로 발전한 이 사건을 통해 우리는 언문 아는 자를 용의자로 삼을 만큼 해득자가 그리 많지 않았음과, 그럼에도 상인들 사이에 언문이 꽤 보급되어 있었고 그것이 국가 정책의 반대 도구로 쓰일 만큼 중요한 문자로 자리 잡았음을 알 수 있다.

이런 언문 익명서 투서 사건이 점점 활발해져 급기야 연산군은 1504년 7월 22일 언문 탄압을 명한다.

언문을 사용하는 사람은 임금의 지시문을 찢어 버린 법조문을 적용하고, 그런 사실을 알면서도 신고하지 않은 사람은 임금의 지시를 위반한 법조문을 적용해 단죄할 것이다. 조정 관리들의 집에 보관되어 있는 언문 구결책을 모두 불사르되, 한어를 번역한 언문책 따위는 금하지 말라.

신수영이 언문 투서 내용을 보고한 지 사흘 만의 명령이었다. 이 투서에는 연산군의 핵심 비리가 담겨 있어 연산군의 대노가 짐작이

 28자로 이룬 문자혁명 훈민정음

된다. 투서에 "지금 임금은 어떤 임금이기에 신하 죽이기를 파리 목 따듯이 하는가. 아, 어느 때에야 분별하겠는가."고 적고, 또 "옛날의 임금은 옳지 않은 짓을 하지 않았는데 지금 임금은 여색이라면 가리는 것이 없다. 또 임금이 신하들을 많이 죽였다. 행차할 때에 틀림없이 부끄러운 마음이 있어서 양반 집안의 아내들을 죄다 쫓아내는 것이다. 그래가지고선 쫓겨난 부인들을 오히려 자기의 아내로 만들자는 수작 아닌가? 어느 때나 이 세월을 뒤집어엎을 수 있을까."라고 했다. 이보다 앞서 4월 1일에는 궁중의 비밀이 언문을 통해 궁 밖으로 새어나가 관련자를 처참하게 죽였고, 윤 4월 17일에는 폐비에게 사약을 내린 공문이 언문으로 되어 있어 분노가 쌓였다가 투서 사건으로 증폭되어 폭발한 것이다. 언문의 사회적 효용성과 영향력이 대단했음을 보여 주는 사건이라 할 수 있다.

언문 보급이 확장 일로에 있었던 시기에 내려진 서릿발 같은 이 명령은 여러 가지로 영향을 미쳤을 것이다. 그러나 언문이 거세지는 않으나 이미 막을 수 없는 들불처럼 퍼져 나갔으므로 이런 식의 명령으로 끌 수는 없었다. 그럼에도 공적 측면에서는 꽤 위축되었을 것이다. 하지만 명령문에도 분명히 나와 있듯이, 모든 언문을 탄압한 건 아니다. 자신을 비방한 문서에 쓰인 언문을 탄압한 것이라고 볼 수 있다.

언문의
실용적 사용

흔히 현대 한글을 문맹률 제로의 문자라고 한다. 성인들 가운데 한글을 읽을 줄 모르는 사람이 거의 없다는 뜻이다. 국제어로 득세하고 있는 영어를 사용하는 미국의 문맹률이 30퍼센트 가까이 되는 것을 보면 이는 놀라운 수치다. 유엔도 이런 점을 인정하여, 유네스코에서 문맹률 퇴치에 이바지한 사람들에게 주는 상 이름을 '세종대왕상King Sejong Prize'이라 했다. 그렇다면 조선 시대에는 얼마나 많은 사람들이 훈민정음을 부려 쓸 수 있었을까? 창제 후 훈민정음이 얼마나 보급되고, 또 누가 어떻게 사용해 왔는가는 매우 중요하다. 이에 대한 대략적인 흐름은 공식 기록에 남아 있는 제도 차원의 사용을 통해 정리된 셈이다. 하지만 그런 현상을 객관적으로 명쾌하게 밝혀 내기는 쉽지 않다. 증거 자료가 많지 않을 뿐만 아니라, 또 모든 언어 생활이 증거가 남는 것도 아니기 때문이

 28자로 이룬 문자혁명 훈민정음

다. 다만 분명한 점은 비율로 따질 수 없는 도도한 힘으로 작용해 왔
다는 것이다. 문맹률이 중요한 게 아니라 비문맹률이 더 중요하다.

비문맹의 경우는 여러 부류가 있다. 단순히 문자 해득이 되어 언
문을 읽을 줄 알고 약간 쓸 줄 아는 능력(문해력)을 가진 사람도 있
고, 문자 해득력을 넘어 능동적 문자 생활이 가능한 능력, 곧 언문을
자유자재로 쓸 수 있는 능력(문식력)을 가진 사람도 있다. 더욱 중요
한 것은 문해 잠재력이다. 곧 여차하면 문자 해득이 가능한 잠재력
이다. 이렇게 보면 훈민정음은 문해력을 높일 수 있다는 점도 중요
하지만, 문해 잠재력을 제공한 문자였다는 점이 더욱 중요하다. 조
선 후기로 오면 언문책을 읽어 주는 '전기수(이야기꾼)'라는 직업이
생길 정도이다. 시장 번화가에서 「옥단춘전」, 「임경업전」 등을 읽어
주면 사람들이 빙 둘러앉아 경청하곤 했다. 이 때 이야기를 듣는 사
람들은, 비록 언문을 모른다 하더라도 언제든지 해득 가능성이 높은
문해 잠재력을 지녔다고 볼 수 있다.

문맹률이나 비문맹률은 오늘의 시각으로 바라볼 것이 아니라 그
시대의 시각으로 보아야 한다. 문해력과 문해 잠재력을 함께 중요하
게 여기는 이유가 여기에 있다.

이러한 언문 문해력과 문해 잠재력을 높여 준 것은 역시 문학책과
실용책이다. 문학과 실용 분야야말로 모든 계층이 참여할 수 있는
공유의 매개체요 장이기 때문이다.

예나 지금이나 문학은 누구나 즐겁게 참여할 수 있는 욕망의 해방

〈관동별곡〉을 지은 정철은 서인을 대표하는 정치인이었을 뿐만 아니라, 모국어의 멋을 한껏 드날린 뛰어난 작가이기도 했다.

구다. 모국어의 힘이 자연스럽게 솟아오르는 분수이기도 하다. 이런 자연스런 욕망 분출에 사대부나 하층민이 따로 있을 리 없다. 정통 사대부 관리였던 정철이 남긴 〈관동별곡〉이나 윤선도의 시조 등은 문학작품에서 언문의 중요성을 여실히 드러내 준다. 물론 모든 사대 부들이 이런 언문 작품 창작에 동참한 것은 아니다. 아주 실용적이 고 개방적이었던 박지원조차 자신은 언문을 모른다는 기록을 남겼 다. 이것이 정상인지 모른다. 그러나 양반 사대부들이 남긴 언문 작 품은 비록 그 수가 적을지라도 언제든지 큰 불로 번질 수 있는 힘을 지닌 불씨였다.

뎨 가논 뎌 각시 본 듯도 혼뎌이고 天텬上샹 白빅玉옥京경을 엇디ᄒ 야 離니別별ᄒ고, 히 다 뎌 져믄 날의 눌을 보라 가시ᄂᆞ고. 어와 네여

이고 내 亽셜 드러보오

— 정철,〈속미인곡〉'성주본'에서

松江關東別曲송강관동별곡 前後思美人歌전후사미인가 乃我東之離騷내아동지이소 而其以不可以文字寫之이기이부가이문자사지 故惟樂人輩고유악인배 口相授受구상수수 或傳以國書而已혹전이국서이이 人有以七言詩飜關東曲인유이칠언시번관동곡 而不能佳이부능가 或謂澤堂少時作혹위택당소시작 非也비야

...

今我國詩文금아국시문 捨其言而學他國之言사기언이학타국지언 設令十分相似설령십분상사 只是鸚鵡之人言지시앵무지인언 而閭巷間樵童汲婦이여항간초동급부 咿啞而相和者이아이상화자 雖曰鄙俚수왈비리 若論眞贗약론진안 則固不可與學士大夫所謂詩賦者즉고불가여학사대부소위시부자 同日而論동일이론

송강 정철의 〈관동별곡〉과 〈사미인곡〉, 〈속미인곡〉은 우리나라의 〈이소離騷〉라 할 만한 빼어난 작품이다. 그러나 이들 작품은 한자로 적은 것이 아니기에 단지 노래하는 사람들의 입에서 입으로 전해 오거나 더러 언문으로 적혀 전해 올 뿐이다. 어떤 사람이 〈관동별곡〉을 칠언 한시로 번역하였는데 원래 시의 아름다움을 전혀 드러내지 못했다. 이 시가 택당 이식이 젊었을 때 번역한 것이라 하는 이들이 있

으나 그렇지 않다.

…

지금 우리나라의 시문詩文은 제 나라 말을 버리고 남의 나라 말을 배
우고 있는데, 비록 그것이 아무리 비슷하더라도 앵무새가 사람의 말
을 흉내 내는 데 지나지 않는다. 마을의 나무꾼 아이와 물 긷는 아낙
네들이 흥얼거려 서로 화답하는 소리가 비록 비속하다고 하나, 참과
거짓을 따진다면 사대부들의 시부 따위와는 결코 같이 말할 수 없다.

— 『서포만필』

뛰어난 문학작품은 대개 주류 양반 엘리트들이 남겼다. 정철은 서
인을 대표하는 거물 정치인으로, 모국어의 멋을 뛰어난 문학작품으
로 남겼다. 정철의 언문 작품에 대해 김만중이 한문으로 쓴 평은, 문
학작품에 대한 당시 사대부들의 인식과 실상을 잘 보여 준다. 문학
표현에서 훈민정음의 효용성을 절실히 인식하고 극찬했으면서도 그
자신은 한문으로 표현했다. 이런 흐름 속에서 주류 양반이면서도 뛰
어난 언문 작품을 남긴 정철은 그 내용의 가치를 떠나 역사와 표현
의 도도한 흐름을 보게 해 준다.

16세기에는 백성들이 언문 덕택으로 많은 종류의 책을 접할 수
있는 분위기가 형성되었다. 이를테면 제도권에서 발행한 생활 관련
서인 『삼강행실도』(1481), 『구급방이해』(1499), 『농서』(1518), 『잠
서』(1518), 『피온방』(1518), 『참전방』(1518), 『이륜행실도』(1518),

『효경』(중종조) 등이 대표적이다. 이런 영향으로 17세기에 들어와서는 언문이 상당히 퍼졌고, 궁중 부녀자, 여느 백성, 사대부 집의 부녀자 들은 언문책을 읽고 직접 쓰기도 했다. 그런 가운데 나온 글이 『계축일기』이다. 광해 임금 때 뼈아픈 고초를 겪었던 인목대비의 애끓는 삶을 곁에서 모시던 상궁이 적은 것을, 언문 덕택으로 우리는 지금 역사의 한 장면으로 속속들이 보고 있다. 『산성일기』는 언문으로 된 최초의 일기다. 일기를 쓸 수 있다는 건 인간의 존엄성, 곧 개

『서궁록西宮錄』이라고도 하는 『계축일기』는 광해군 5년(1613년) 선조의 계비인 인목대비 폐비 사건을 시작으로 하여 일어난 궁중 비사를 기록한 책이다. 조선 중기 궁중의 풍속, 인정, 생활 세태 등을 잘 보여 준다. 특히 한문 고사를 피하고 순 우리말을 활달히 구사한 점 등을 특징으로 들 수 있다.

『산성일기』는 조선 인조 때 씌어진 작가, 연대 미상의 일기체 수필로, 치욕적인 외교의 단면을 생생히 기록했다. 아울러 인조반정 때까지의 일도 상세히 기록되어 있어, 사료적 가치가 높은 작품이다.

개인의 인격이 역사에 부각됨을 뜻한다. 언문의 번짐은 그런 역사적인 계기를 마련했다.

결국 16, 17세기에는 왜란과 호란 등으로 사대부들의 한계가 드러났고, 이와 더불어 여느 백성들은 언문을 통해 문자 세계를 이해함으로써 스스로를 인식하게 되었다. 최초의 언문 소설인 『홍길동전』은 바로 그런 의식이 움트는 과정에서 나왔다. 이 작품은 허균이 지었느냐가 논란이 되고 있지만, 사회 변혁의 내용이 보여 주는 역사 의미는 놀라운 것이다.

또한 이 때에 이제까지 입으로만 전해 오던 '이야기'가 소설로 바뀌어 글말로 옮겨졌다. 설화 소설, 판소리계 소설이 그것인데, 『홍부전』, 『심청전』, 『별주부전』, 『춘향전』 등이 대표되는 보기다. 이들 소설의 가치가 높은 건 일반 백성들의 소설이요 글말이라는 사실 때

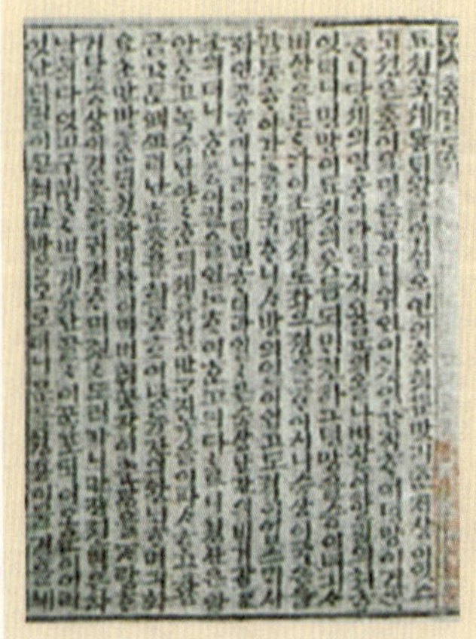

 28자로 이룬 문자혁명 훈민정음

문이다.

　잇씨 상단이 옥의 갓다 나오더니 져의 아씨 야단 소래의 가삼이 우
둔우둔 정신이 월넝월넝 정처업시 드러가서 가만이 설펴 보니 젼의
서방님이 와 겨꾸나

―『춘향전』

　이런 문학작품 외에 일상생활 구석구석에 언문의 힘이 자연스럽
게 뻗어 나갔다. 『구급간이방 救急簡易方』은 성종 20년(1489년)에 윤
호 등이 편찬해 간행한 의학서로, 시골에서 누구나 상처 치료와 질
병 예방을 할 수 있도록 언문으로 번역했다. 『간이벽온방 簡易僻瘟方』
은 중종 19년(1524년)에 관서 지방(평안도 지방)에 여질(유행성 열병)

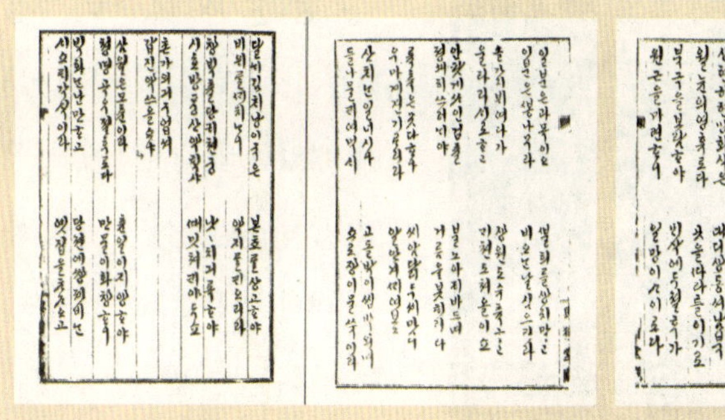

••••
철종 때 정약용의 둘째 아들 정학유가 지은 『농가월령가』는 농가의 행사를 월별로 나누어 교훈을 섞
어 가며 농촌 풍속과 권농을 노래했다.

이 널리 퍼지자, 중종이 이듬해 의관 박세거, 김순몽, 유영정 등에게 명하여 그 치료법과 예방법을 밝힌 책이다. 1권 1책으로 이루어져 있고, 한문 원문에 언해를 붙여 이듬해인 1525년 간행했다. 이와 관련해 1541년에 나온 『우마양저염역치료방 牛馬羊猪染疫治療方』은 가축의 사육과 질병에 관한 책이다.

임신과 출산에 관한 『언해태산집요 諺解胎産集要』란 책도 있다. 이는 허준이 선조 41년(1608년) 임금의 명으로 내의원에서 1책의 목판본으로 간행해 낸 의서다. 『연병지남 練兵指南』이란 책은 광해군 4년(1612년)에 한교가 펴낸 병서이다. 이 밖에도 조선 후기 실학자 정학유가 계절 변화에 따른 농사 짓는 법을 노래한 『농가월령가』는 노래 형식의 언문으로, 생활에 더욱 밀착된 언문의 쓰임새를 보여 준다.

조선 후기의 것으로 추정되는 산불 조심 비석은 산불이 많았던 문경새재에 세워졌다. 하층민들이 주로 산불을 내서 언문으로 세웠는지는 알 수 없지만, 가장 절실한 삶의 도구로 언문이 쓰이는 맥락을 잘 보여 주는 예

조선 후기에 문경새재에 세워진 산불 조심 비석.

이다.

이런 흐름에 따라 고종 32년(1895년)에는 "법률, 명령은 다 국문으로써 본을 삼고 한역을 붙이며, 혹 국한문을 혼용함."이란 칙령까지 내려, 관보에 본격적으로 언문이 쓰이기 시작했다. 이런 선언은 이전부터 훈민정음이 공식 문자로 쓰여 왔고, 또 모든 계층이 사용할 수 있는 문자로 역사적 의미를 넓혀 왔기에 가능했다. 다만 일제 간섭 아래 이루어졌다는 시대적 한계 때문이겠지만, 국문 외에 한문, 국한문 혼용문을 허용한 건 아쉬운 부분이다. 결국 다음과 같은 두 가지 문체에 우리는 맞닥뜨리게 되었다.

大概開化라 ᄒᆞᄂᆞᆫ者ᄂᆞᆫ 人間의千事萬物이至善極美ᄒᆞᆫ 境或에抵홈을胃홈이니然ᄒᆞᆫ故로開化ᄒᆞᄂᆞᆫ境或은限定ᄒᆞ기不能ᄒᆞᆫ者라人民才力의分數로其等級의高低가有ᄒᆞ나然ᄒᆞ나人間의習尙과邦國의規模를隨ᄒᆞ야其差異홈도亦生ᄒᆞᄂᆞ니此ᄂᆞᆫ開化ᄒᆞᄂᆞᆫ 軌程의不一ᄒᆞᆫ綠由어니와大頭腦ᄂᆞᆫ人의爲不爲에在ᄒᆞᆯᄯᆞ롬이라

— 유길준, 『서유견문』(1895) 중 '開化의 等級'

우리가 독닙신문을 오늘 처음으로 출판ᄒᆞᄂᆞᆫ디 조션속에 잇ᄂᆞᆫ 니외국 인민의게 우리 쥬의를 미리 말슴ᄒᆞ여 아시게 ᄒᆞ노라. ……우리 신문이 한문은 아니쓰고 다만 국문으로만 쓰ᄂᆞᆫ거슨 상하귀쳔이 다 보게 홈이라. ᄯᅩ 국문을 이러케 귀졀을 쪠여 쓴즉 아모라도 이신문

보기가 쉽고 신문 속에 잇는 말을 자세이 알어 보게 홈이라. 각국에
셔는 사롬들이 남녀 무론ᄒ고 본국 국문을 몬저 비화 능통ᄒ 후에야
외국 글을 비오는 법인디 죠션셔는 죠션 국문은 아니 비오드러도 한
문만 공부ᄒ는 ᄶ둙에 국문을 잘 아는 사롬이 드믈미라.

— 『독닙신문』 창간호(1896) 논설

『서유견문』의 문체는 훈민정음 창제 초기부터 있었던 것이지만 일본의 영향으로 더욱 유행하게 되었다. 『독립신문』의 문체도 계속 사용해 왔던 것이지만 언론을 통해 훈민정음만의 글자살이의 꿈을 보여 주었다는 데 의의가 있다.

물론 훈민정음만을 썼다고 해서 그 문체를 미화할 필요는 없다. 언어는 내용과 형식의 결합체이기 때문이다. 내용의 가치에 의해 형식의 가치도 바뀌게 마련이다. 『독립신문』 또한 양면적 평가를 받고 있다. 다만 우리는 훈민정음이라는 형식이 어떤 내용을 담든 누구나 쉽게 접근할 수 있는 토론의 장이 될 수 있다는 데 가치를 두고 있다. 문자는 도구이면서 가치다. 진정한 문자로서 훈민정음의 꿈은 휴대전화라는 첨단 과학을 통해 실현되고 있다. 문자의 꿈은 이루었지만 그 문자를 통해 어떤 세상을 만들어 갈 것인가는, 문자의 꿈이 아니라 우리 인간의 꿈이자 노력이다.

　28자로 이룬 문자혁명 훈민정음

모든 알파벳의 진정한 꿈, 훈민정음

훈민정음을 둘러싼 거대한 흐름을 짚어 보니 더욱 강조하고 싶은 몇 가지 특징이 있다. 훈민정음은 어울림의 문자였다. 역시 가장 중요한 건 자연과 인간의 조화다. 자연의 이치대로 문자를 만들었더니 가장 자연스런 인간의 문자가 되었다.

자연 또는 자연스러움의 바탕은 조화이니 조화는 자연의 이치이기도 했다. 세종은 그 점을 꿰뚫고 순리대로 문자를 만들었다. 그랬더니 소리와 문자의 조화를 이룰 수 있었고, 계층간의 소통과 조화를 이룰 수 있는 길이 열렸다.

물론 문자가 조화의 극치를 이루었다 하더라도, 실제 조화로운 삶으로 이어지는가는 그 문자를 부려 쓰는 사람들에 달려 있다. 그래서 문자는 길이요 훈민정음은 조화로운 길이다. 그 길을 누가 어떻게 걷느냐에 따라 그 의미가 달라질 것이다.

훈민정음은 짜임새(시스템) 문자였다. 길은 길이되 잘 짜인 길이다. 문자 짜임새가 조직적이고 과학적이고 역동적이다. 온갖 것을 담아 내며 어떤 쓰임새에도 응용 발전이 가능한 문자가 훈민정음이다. 정보화 시대에 더욱 활용 폭이 넓어진 점이 그것을 입증한다.

문자 없는 민족의 말을 한글로 적자는 운동은 결코 한국인만의 국수주의가 아니다. 이제 한글의 주인은 한국인이 아니라 인류여야 한다.

훈민정음은 빅뱅의 문자다. 중국 한자에 묻혀 온, 천 년을 훨씬 뛰어넘는 세월, 왕권 그 이상의 정통 사대주의 세력, 이처럼 거대한 산을 옮기고 새로운 길을 여는 길, 어쩌면 혁명보다 더 강한, 세상의 시스템을 바꾸는 빅뱅이라 해야 옳을 것이다.

훈민정음을 과학적인 문자라고 한다. 하지만 이런 표현은 적절하지 않다. 훈민정음은 '과학적'이 아니고 과학 그 자체이다. 이러한

갈래	자음 위주 배치 방식 (모음 최소 배치 방식: A사)	모음 위주 배치 방식 (자음 최소 배치 방식: B사)
자판	<table><tr><td>ㅣ</td><td>·</td><td>ㅡ</td></tr><tr><td>ㄱㅋ</td><td>ㄴㄹ</td><td>ㄷㅌ</td></tr><tr><td>ㅂㅍ</td><td>ㅅㅎ</td><td>ㅈㅊ</td></tr><tr><td>*</td><td>ㅇㅁ</td><td>#</td></tr></table>	<table><tr><td>ㄱ</td><td>ㄴ</td><td>ㅏㅓ</td></tr><tr><td>ㄹ</td><td>ㅁ</td><td>ㅗㅜ</td></tr><tr><td>ㅅ</td><td>ㅇ</td><td>ㅣ</td></tr><tr><td>*</td><td>ㅡ</td><td>#@</td></tr></table>
자음 만들기	비슷한 계열의 자음을 모아, 같은 계열의 두 번째 이상의 자음은 여러 번 눌러서 만든다.	겉으로 표기된 기본자 이외의 자음은 '*'를 눌러 가획자를 표시한다.
모음 만들기	'ㅣ · ㅡ'의 세 모음을 합성해 복합 모음을 만든다.	표기된 모음 이외의 모음은 표기된 모음을 합쳐서 만든다.

•••
휴대전화 문자판에 나타난 훈민정음의 원리.

 28자로 이룬 문자혁명 훈민정음

과학 특성은 정보화 시대에 이르러 그 진가를 유감없이 발휘하고 있다. 인간 과학의 최고 집적물이 컴퓨터라면, 그리고 그 컴퓨터에 가장 잘 어울리는 문자가 한글이라면 '훈민정음=과학'이라는 등식이 결코 과장이 아님을 알 수 있다. 휴대전화에서 가장 합리적인 문자 구현이 가능한 것도 그 때문이다.

이는 첨단 정보화 시대에 휴대전화 자판을 통해 입증되고 있다. 최소 문자를 통한 가획과 합성의 원리에 의해, 가장 간단한 배열로 문자 입력의 과학을 실현하고 있기 때문이다.

대표적인 두 방식을 비교해 보면, 자음 위주 배치 방식은 자음을 많이 노출하고 대신 모음을 최소화해 모음의 가획과 합성 원리를 활성화했다. 반대로 모음 위주 배치 방식은 자음을 최소 배치하는 대신 가획과 합성 원리에 의해 자음이 생성되도록 했다. 언젠가는 표준 자판이 나올지 모르지만 각기 다른 방식으로 훈민정음의 문자 원리를 뽐내고 있는 것이다.

이러한 빅뱅의 이치를 간직한 책『훈민정음 해례본』!

훈민정음을 그 당시 글말인 한문으로 해설한 책, 1446년에 발간되었으나 1940년 단 한 권만이 발견된 책, 세계문화유산으로 지정되었으나 서울대 고전 200선에는 아예 끼지도 못한 책, 천지자연의 이치를 담고 모든 언어가 꿈꾸는 최고의 알파벳을 해설한 책, 가장 밑바닥 백성을 배려한 절대 권력 시대의 책, 이것이 이 책의 현실이다.

이제 이 책의 진정한 가치를 찾는 일은 우리의 몫이다. 한글을 통

한 과학적인 말글살이를 이룩하면서 정보화 시대의 한글로 재창조

하는 일이 바로 그것이다.

참고문헌

1.『훈민정음』영인본
- 해례본
이상백,『한글의 기원 - 훈민정음 해설』, 통문관, 1957.
국립국어원,『알기 쉽게 풀어 쓴 훈민정음』, 생각의 나무, 2008.
조선어학회,『훈민정음』, 보진재, 1946.
한글학회,『훈민정음』, 해성사, 1998.

- 언해본
조규태 · 정우영 외,『훈민정음 언해본 이본 조사 및 정본 제작 연구』(학술연구
용역사업보고서), 문화재청, 2007.
세종대왕기념사업회,『훈민정음』, 세종대왕기념사업회, 2003.

2.『훈민정음』전문 번역책
방종현,『(원본 해석) 훈민정음』, 진학震學출판협회, 1946.
홍기문,『정음발달사』(상·하 합본), 서울신문사 출판국, 1946.
류렬,『풀이한 훈민정음』, 보신각, 1948.
강신항,『역주 훈민정음』, 신구문화사, 1974, 증보판 1995.
강신항,「쉽게 풀어 쓴『훈민정음』내용: 오늘의 말로 읽는『훈민정음』」,
　　　　『알기 쉽게 풀어 쓴 훈민정음』(국립국어원 편), 생각의 나무, 2008.
박지홍,『풀이한 훈민정음: 연구·주석』, 과학사, 1984.
렴종률·김영황,『훈민정음에 대하여』, 김일성종합대학출판사, 1982.
이정호,『국문영문 해설 역주 훈민정음』, 보진재, 1986.
한글학회,『훈민정음』별책, 해성사, 1998.
조규태,『번역하고 풀이한 훈민정음』, 한국문화사, 2000.
박창원.『훈민정음』, 신구문화사, 2005.

방종현(1946), 홍기문(1946)은 공동 작업에 의한 최초의 번역이다. 주로 홍기문
이 했다고 한다. 류렬(1948)은 순 우리말 위주로 번역한 책이고, 강신항(1995),

박지홍(1984)은 주석이 치밀한 번역이며, 렴종률·김영황(1982)은 북한 번역이고, 이정호(1986)는 영문 번역이 실려 있다. 한글학회(1998), 조규태(2000)는 읽기 쉽게 번역하였고, 박창원(2005)은 여러 번역을 비교하고 있다. 이 밖에도 20여 종의 번역이 있다.

조선왕조실록 누리집 : http://silok.history.go.kr

3. 단행본

강신항, 『훈민정음연구』, 성균관대학교 출판부, 1987, 증보판 1990/1999.

권재선, 『바로잡은 한글: 국문자론』, 우골탑, 1994.

권종성, 『문자학개요』, 평양: 과학백과사전출판사, 1987.

김동소, 『중세 한국어 개설』, 한국문화사, 2003.

김명호, 『한글을 만든 원리』, 학고재, 2005.

김무림, 『국어의 역사』, 한국문화사, 2004.

김미형, 『우리말의 어제와 오늘』, 에이애씨, 2005.

김석득, 『우리말 연구사』, 정음문화사, 1983.

김석득·박종국 외, 『한글 옛 문헌 정보 조사 연구』, 문화관광부, 2001.

김수업, 『배달말꽃』, 지식산업사, 2002.

김슬옹, 『조선시대 언문사용의 제도적 연구』, 한국문화사, 2005.

김정수, 『한글의 역사와 미래』, 열화당, 1990.

김형효 외, 『민본주의를 넘어서』, 청계, 2000.

박종국, 『세종대왕과 훈민정음』, 세종대왕기념사업회, 1984.

박종국, 『한글문헌 해제』, 세종대왕기념사업회, 2003.

박창원, 『훈민정음』, 신구문화사, 2005.

성경린, 『세종 시대의 음악』, 세종대왕기념사업회, 1986.

세종대왕기념사업회 편, 『21세기 문화·과학을 위한 세종대왕 재조명』, 세종대왕
        기념사업회, 1997.

세종대왕기념사업회, 『세종장헌대왕실록』, 세종대왕기념사업회, 1970.

세종대왕기념사업회, 『세종문화사대계 1』, 세종대왕기념사업회, 1998.

손보기, 『금속활자와 인쇄술』, 세종대왕기념사업회, 1977.

신상순·이돈주·이환묵,『훈민정음의 이해』, 한신문화사, 1988.

안병희,『국어사 연구』, 문학과지성사, 1992.

유창균,『훈민정음』, 형설출판사, 1974/1977.

윤덕중·반재원,『훈민정음 기원론』, 국문사, 1983.

이근수,『훈민정음 신연구』, 보고사, 1995.

이기문,『국어사 개설』, 민중서관, 1961, 개정판 1972.

이상백,『한글의 기원: 훈민정음 해설』, 통문관, 1957.

이상혁,『훈민정음과 국어연구』, 역락, 2004.

이성구,『훈민정음 연구』, 동문사, 1985.

이숭녕,『세종대왕의 학문과 사상: 학자들과 그 업적』, 아세아문화사, 1981.

이한우,『세종, 조선의 표준을 세우다』, 해냄출판사, 2006.

전상운,『세종 시대의 과학』, 세종대왕기념사업회, 1984.

전정례·김형주,『훈민정음과 문자론』, 역락, 2002.

정광,『훈민정음의 사람들』, 제이엔씨, 2006.

조규태,『번역하고 풀이한 훈민정음』, 한국문화사, 2000.

최명재,『훈민정음과 최항 선생』, 정문당, 1996.

최현배,『고친 한글갈』, 정음사, 1961.

한태동,『세종대의 음성학』, 연세대학교 출판부, 2003.

허웅,『한글자 민족문화』, 세종대왕기념사업회, 1974.

홍기문,『정음발달사』(상·하 합본), 서울신문사 출판국, 1946.

中村完,『訓民正音の世界』, 創學出版, 1995.

G. Sampson, *WRITING Systems: A linguistic introduction*, London: Hutchinson Publishing Group, 1985. 신상순 역,『세계의 문자체계』, 한국문화사, 2000.

Gari. Ledyard, *The Korean Language Reform of 1446*, 신구문화사, 1998.

I. J. Gelb, *A Study of Writing*, University of Chicago Press, 1952/1963.

John Man, *ALPHA BETA_HOW 26 letters shaped the Western*, John W. ley & Sons Inc, 2001, 남경태 역,『세상을 바꾼 문자 알파벳』, 예지, 2001.

Sek Yen Kim-Cho, *The Korean Alphabet of 1446, Hwun Min Ceng Um,*

Humanity Books & AC Press(아세아문화사), 2001.

Young-Key Kim-Renaud(ed), *Honolulu: The Korean Alphabet*. University of Hawai'i Press, 1997. 한은주 역, 『세종대왕』, 신구문화사, 1998.

4. 논문

강길운, 「훈민정음 창제의 당초 목적에 대하여」, 『국어국문학』 55·56·57 합본호, 국어국문학회, 1972.

강만길, 「한글 창제의 역사적 의미」, 『창작과비평』 44, 창작과비평사, 1977.

공재석, 「한글 고전기원설에 대한 고찰」, 『중국학보』 7, 한국중국학회, 1967.

김계곤, 「훈민정음 원본 발견 경위에 대하여」, 『보성』 3, 보성고등학교, 1964.

김남돈, 「훈민정음 창제 동기와 목적에 관한 국어학사적 고찰」, 『한국초등교육』 41, 서울교육대학교, 1999.

김두루한, 「훈민정음을 제대로 알자」, 『나라사랑』 111, 외솔회, 2006.

김무봉, 「훈민정음 원본의 출판 문화재적 가치」, 『세종학 연구』 14, 세종대왕기념사업회, 2006.

김무식, 「훈민정음에 나타난 음성학 술어의 특징과 의미」, 『수련어문논집』 24, 수련어문학회, 1998.

김민수, 「훈민정음 창제의 시말: 세종의 국권 확립책을 중심으로 하여」, 『김재원 박사 회갑기념논총』, 을유문화사, 1969.

김석득, 「『훈민정음 해례』의 언어학적 분석: 이원론적인 변별적 자질론 및 언어철학적 이해」, 『한글학회 50돌 기념논문집』, 한글학회, 1971.

김석연, 「정음 사상의 재조명과 부흥」, 『한글』 219, 한글학회, 1993.

김슬옹, 「세종과 최만리의 논쟁을 통해 다시 생각해 보는 한글 창제의 역사적 의미」, 『한글 새소식』 11, 한글학회, 1993.

김슬옹, 「훈민정음 언해본(희방사본)의 희방사를 찾아서」, 『함께여는 국어교육』 25, 전국국어교사모임, 1995.

김슬옹, 「세종 탄신 600돌의 진정한 의미설정을 위하여」, 『나라사랑』 94호, 외솔회, 1997.

김슬옹, 「훈민정음과 한글 과학성에 대한 교육 전략」, 『교육한글』 14, 한글학회, 2001.

김슬옹, 「조선왕조실록의 한글 관련 기사를 통해 본 문자생활 연구」, 상명대학교 국어국문학과 박사 학위논문, 2005.

김슬옹, 「한글의 우수성에 대한 각계 전문가의 기고 〈가상 인터뷰〉」, 『한글새소식』 398호(10월호), 한글학회, 2005.

김슬옹, 「'훈민정음'의 명칭 맥락과 의미」, 『한글』 272, 한글학회, 2006.

김슬옹, 「『훈민정음』(해례본)의 간행 책으로서의 담론과 교육 전략」, 『한국어문학연구』 47, 한국어문학연구학회, 2006.

김슬옹, 「훈민정음 해례본의 '우리나라와 말글' 명칭 번역 담론: 표준 공역을 제안하며.『언어과학연구』 39집, 언어과학회, 2006.

김슬옹, 「'훈민정음' 문자 만든 원리와 속성의 중층 담론」, 『한민족문화연구』 37호, 한민족학회, 2007.

김슬옹, 「훈민정음 창제 배경과 동기와 목적에 대한 중층 담론」, 『사회언어학』 15-1호, 사회언어학회, 2007.

김승곤, 「세종 시대의 어문정책」, 『세종문화사대계 1(어학·문학)』, 세종대왕기념사업회, 1998.

김영환, 「'해례'의 중세적 언어관」, 『한글』 198, 한글학회, 1987.

김완진, 「세종의 어문정책에 대한 연구」, 『성곡논총』 3, 성곡학술문화재단, 1972.

김완진, 「훈민정음 제작의 목적」, 『국어와 민족문화』, 김민수 외편, 집문당, 1985.

김종택, 「선조대왕 언교고」, 『국어교육논지』 3집, 대구교육대학 국어교육연구회, 1975.

김종택, 「한글은 문자구실을 어떻게 해왔나」, 『먹남 김일근 박사 회갑기념어문학논총』, 1985.

김주원, 「세계 기록유산 훈민정음 4: 훈민정음 해례본의 구성」, 『대한토목학회지』 302호(6월호), 대한토목학회, 2005.

김주필, 「훈민정음 창제의 언어 내적 배경과 기반」, 『국어학의 새로운 인식과 전개』 서울대학교대학원 국어연구회 편, 민음사, 1991.

김주필, 「한글의 과학성과 독창성」, 『국제고려학회 논문집』 1, 국제고려학회, 1999.

김차균, 「15세기 국어의 음운체계」, 『논문집』 11-2, 충남대학교 인문과학연구
　　　소, 1984.

남풍현, 「훈민정음과 차자 표기법과의 관계」, 『국문학논집』 9, 단국대학교 국어
　　　국문학과, 1978.

리득춘, 「훈민정음 기원의 이설, 하도기원론」, 『중국조선어문』 5호, 1989.

리의도, 「훈민정음의 중성에 대한 새로운 해석」, 『한글』 186, 한글학회, 1984.

문효근, 「훈민정음 제자 원리」, 『세종학 연구』 8집, 세종대왕기념사업회, 1993.

민현구, 「신숙주와 집현전 학자들」, 『새국어생활』 제12권 3호, 국립국어연구원,
　　　2002.

박동근, 「『훈민정음』에 나타난 예악禮樂과 정음正音·정성正聲 사상과의 관계」, 『한
　　　중음운학논총』 1권, 서광학술자료사, 1993.

박영진, 「『훈민정음 해례본』의 발견 경위에 대한 재고」, 『한글새소식』 395(2005
　　　년 7월호), 한글학회, 2005.

박종덕, 「훈민정음 해례본의 유출 과정 연구: 학계에서 바라본 '발견'에 대한 반
　　　론의 입장에서」, 『한국어학』 31, 2006.

박지홍, 「훈민정음에서 나타나는 역학적 배경」, 『훈민정음의 이해』, 신상순·이
　　　돈주·이환묵 편, 한신문화사, 1988.

배대온, 「훈민정음 창제와 관련하여」, 『경상어문』 5·6, 경상대학교 국어국문학
　　　과 경상어문학회, 2000.

백두현, 「조선시대 여성의 문자생활 연구: 한글 편지와 한글 고문서를 중심으
　　　로」, 『어문논총』 42, 한국문학언어학회, 2005.

변정용, 「훈민정음 원리의 공학화에 기반한 한글 부호계의 발전 방향」, 『정보과
　　　학회지』 12권 8호, 한국정보과학회, 1994.

성낙수, 「훈민정음의 창제 동기에 대하여」, 『나라사랑』 111, 외솔회, 2006.

여찬영, 「훈민정음의 언해에 대한 편견」, 『한국어학과 알타이 어학』, 효성여자대
　　　학교 출판부, 1987.

우메다 히로유키梅田博之, 「훈민정음의 문자론적 의의와 현대 일본 사회에서의 사
　　　용 실태」, 제2회 한글문화 정보화 포럼 자료(559돌 한글날 기념), 한글
　　　인터넷주소추진총연합회, 2005.

유미림, 「세종의 훈민정음 창제의 정치」, 『동양정치사상사』 4권 1호, 한국동양정

치사상학회, 2005.

윤국한, 「훈민정음 친제설에 대하여: 문법교과서의 진술을 중심으로」, 『한국어
　　　문교육』14집, 한국교원대학교 한국어문교육연구소, 2005.

이가원, 「훈민정음의 창제」, 『열상고전 연구』7, 열상고전연구회, 1994.

이광호, 「훈민정음 제자의 논리성」, 『정신문화연구』48, 한국정신문화연구원,
　　　1992.

이근수, 「국어학사상의 정립을 위한 훈민정음 창제 문제」, 『어문론집』17, 고려
　　　대학교, 1976.

이기문, 「훈민정음 창제에 관련된 몇 문제」, 『국어학』2, 국어학회, 1974.

이기문, 「훈민정음 친제론」, 『한국문화』13, 서울대학교 한국문화연구소, 1992.

이상혁, 「우리말글 명칭의 역사적 변천과 의미」, 『한국어학의 이해와 전망』, 박
　　　이정, 1997.

이상혁, 「조선후기 훈민정음 연구의 역사적 변천: 문자 의식을 중심으로」, 고려
　　　대 대학원 박사 학위논문, 1999.

이성구, 「훈민정음 해례의 '聲·音·字'의 의미」, 『봉죽헌 박붕배 박사 회갑기념논
　　　문집』, 배영사, 1986.

이성연, 「훈민정음 창제에 관한 몇 가지 문제」, 『한글』185, 한글학회, 1984.

이숭녕, 「세종의 언어정책에 관한 연구: 특히 운서 편찬과 훈민정음 제정과의
　　　관계를 중심으로 하여」, 『아세아연구』1·2, 고대 아세아문제연구소,
　　　1958.

이우성, 「조선왕조의 훈민정책과 정음의 기능」, 『진단학보』42, 진단학회, 1976.

이정호, 「훈민정음도에 대하여」, 『백제연구』3, 충남대학교 백제연구소, 1972.

이현복, 「외국인은 한글을 이렇게 본다」, 『한글 새소식』170, 한글학회, 1986.

이현희, 「훈민정음」, 『국어연구 어디까지 왔나』, 서울대 대학원 국어연구회 편,
　　　동아출판사, 1990.

임용기, 「훈민정음의 삼분법 형성 과정」, 연세대 대학원 박사 학위논문, 1991.

정우영, 「훈민정음 언해본의 성립과 원본 재구」, 『국어국문학』139, 국어국문학
　　　회, 2005.

정희성, 「훈민정음의 창제 원리를 위한 과학 이론의 성립」, 『한글』224, 한글학
　　　회, 1994.

진용옥·안정근, 「악리론으로 본 정음 창제와 정음소 분절 알고리즘」, 『음성과
　　　학』 8권 2호, 한국음성과학회.
최기호, 「훈민정음 창제에 관한 연구: 집현전과 언문반대상소」, 『동방학지』
　　　36·37, 연세대학교, 1983.
최세화, 「훈민정음 해례 후서의 번역에 대하여」, 『동국어문학』 9, 동국대 국어교
　　　육과, 1997.
최승희, 「집현전 연구」(상·하), 『역사학보』 32·33집, 역사학회, 1966, 1967.
최종민, 「훈민정음과 세종악보의 상관성 연구」, 상명대 박사 학위논문, 2003.
허재영, 「훈민정음에 나타난 성운학의 기본 개념」, 『한중음운학논총』 1권, 서광
　　　학술자료사, 1993.
허재영, 「훈민정음 해례 합자해의 ‘아동·변야지언兒童·邊野之言’」, 『한말연구』 6,
　　　한말연구학회, 2000.
홍윤표, 「훈민정음은 왜 창제하였나」, 『함께여는 국어교육』 32, 전국국어교사모
　　　임, 1997.
홍윤표, 「국어와 한글」, 『영남국어교육』 9, 영남대 국어교육과, 2005.

1397년 4월 10일(양력 5월 15일)　한양 준수방(지금의 서울 통인동 137번지 일대) 잠저에서 정안군 이방원(훗날 태종)의 셋째 아들로 태어남.

1418년 6월 3일(22세)　형인 양녕대군을 폐하고 충녕대군을 왕세자로 책봉함.

1418년 8월 10일　태종이 상왕으로 물러앉고 22세의 세자(세종)에게 임금 자리를 물려줌.

1418년 12월 25일　정도전이 첨삭한 『고려사』를 고쳐 짓게 함.

1419년 2월 25일　기자箕子(고조선 때에 있었다고 하는 전설상의 기자조선의 시조)의 비석을 세우게 함.

1419년 9월 20일　변계량 등에게 『고려사』를 고쳐 쓰게 함.

1420년 3월 16일　집현전을 확장하여 영전사, 대제학, 제학, 부제학, 직제학, 직전, 응교, 교리, 부교리, 수찬, 부수찬, 박사, 저작, 정자 등의 관원을 둠.

1420년 10월　동활자 경자자庚子字(경자년에 만든 활자)를 만들기 시작함.

1421년 1월 30일　유관과 변계량이 교정한 『고려사』를 세종에게 바침.

1421년 3월 24일　주자소에서 경자자를 완성하고 인쇄법을 개량함.

1421년 7월 2일　서운관에 있던 『천문비기天文秘記』를 궁중으로 옮김.

1422년 1월 21일　신문고 관리 규정을 보완함.

1423년 12월 29일　춘추관의 유관, 윤회에게 『고려사』를 고쳐서 다시 짓게 함.

1424년 11월 18일　악기도감을 설치하고, 생笙·화和·우竽 등의 악기를 만듦.

1424년 11월 24일　지조소(종이를 만드는 곳)에서 호절지蒿節紙·송엽지松葉紙 등을 만듦.

1425년 2월 2일　처음으로 동전을 만들어 사용함.

1425년 2월 24일　박연의 건의에 따라 악학 관련 문신을 두어 악서를 짓게 함.

1425년 7월 7일　왕지王旨를 '교지' 라 고쳐 부름.

1425년 8월 26일　남양에서 나는 돌로 '석경' 이라는 악기를 만들게 함.

1425년 9월 25일 평양에 단군 사당을 세우게 함.

1425년 11월 2일 경상감사 하연이 『입학도설入學圖說』, 사서四書 등을 지어 올려, 이를 사부학당四部學堂에 나누어 줌.

1425년 11년 8일 주자(쇠붙이를 녹여 부어 만든 활자)로 인쇄한 사마천의 『사기를 문신들에게 나누어 줌.

1426년 4월 17일 관노비의 첩이 아이를 낳으면 백일간 출산 휴가를 주게 함.

1426년 9월 22일 여진어에 능한 자를 사역원에 속하게 하여 야인관 통사로 삼음.

1426년 12월 11일 나이가 젊고 장래가 있는 이를 뽑아 사가 독서를 하게 함.

1427년 5월 15일 박연이 남양에서 나는 돌로 1틀(12개)의 편경을 만듦. 박연이 석경을 만들어 바침.

1427년 9월 11일 『향약구급방』을 인쇄하여 널리 알리게 함.

1428년 윤 4월 1일 경상도에서 인쇄하여 바친 『성리대전』 50부를 문신들에게 나누어 줌.

1428년 9월 25일 신백정(천민 계급에 내하여 판아에서 내린 칭호)을 평민과 함께 군사 인원으로 뽑음.

1429년 4월 22일 강원도에서 『사서대전』 50건件을 인쇄하여 바침.

1429년 5월 총제摠制 정초 등에게 명하여 『농사직설』을 짓게 함.

1430년 2월 14일 『농사직설』을 각 도에 배포함.

1430년 윤12월 1일 정인지 등이 『아악보』를 완성함.

1431년 3월 2일 명나라에 유학생(김한, 김자안)을 보내 산법(산수)을 배우게 함.

1431년 5월 11일 주자소에서 『직지방直指方』·『상한류서傷寒類書』·『의방집성醫方集成』·『보주동인경補註銅人經』 등을 인쇄하게 함.

1431년 6월 23일 조서강과 권극화에게 『대명률』을 상정소에서 이두로 번역해 풀이하게 함.

1431년 11월 4일 충신도를 모아서 기록하게 함.

1431년 12월 노중례 등이 『향약채취월령鄕樂採取月令』을 편찬함.

1432년 1월 19일 맹사성 등이 『신찬팔도지리지新撰八道地理志』를 편찬함. 화포火砲를 비치하여 유사시에 대비함.

1432년 6월 9일　집현전 부제학 설순이 효자, 열녀, 충신 100인의 행적을 그리
　　　고 사실을 기록한 뒤 시를 붙인 『삼강행실도』를 편찬함.

1432년 가을　천문관측소 간의대簡儀臺를 만듦.

1432년 10월 12일　평민들과 섞여 살면서 군역을 치루고 있는 신백정 자제에게
　　　향학鄕學에 입학하는 것을 허가함.

1433년 4월 26일　최윤덕 등이 15,000명의 원정군을 이끌고 압록강변의 여진족
　　　이만주李滿住를 토벌함.

1433년 6월 9일　정초, 박연, 김진 등이 혼천의를 만듦.

1433년 6월 11일　집현전 직제학 유효통, 전의典醫 노중례, 부정副正 박윤덕 등이
　　　한의학 책 『향약집성방』 85권을 집필함.

1433년 9월 16일　장영실이 자격궁루自擊宮漏를 만듦.

1434년 4월 27일　『삼강행실도』를 인쇄함.

1434년 6월　밀양에서 『고금운회거요古今韻會擧要』를 간행함.

1434년 6월 24일　장영실 등이 자격루를 만듦.

1434년 7월 1일　장영실 등이 만든 새 누기漏器(물시계)를 사용함.

1434년 7월 2일　이천이 인쇄판과 글자에 관한 법을 개량하고, 새 활자인 갑인
　　　자甲寅字를 만듦.

1434년 7월 16일　갑인자로 『자치통감』을 간행함.

1434년 10월 2일　처음으로 앙부일구(오목 해시계)를 혜정교惠政橋와 종묘 앞에
　　　설치해 시간을 측정함.

1435년 9월 12일　주자소를 경복궁 안으로 옮김.

1435년 10월 19일　목판을 구주자소舊鑄字所에 두고 교서관校書館에서 관리하게
　　　함.

1436년 4월 4일　『자치통감훈의資治通鑑訓義』를 편찬하여 인쇄, 배포함.

1436년 12월　『운부군옥韻府群玉』을 간행함. 『자치통감강목훈의』를 인쇄하기 위
　　　해 수양대군 유에게 글을 쓰게 하고 납 활자 병진자丙辰字를 만듦.

1437년 4월 15일　정초·장영실·김빈 등이 시계의 일종인 일성정시의日星定時儀·
　　　현주일구懸珠日晷·행루行漏·천평일구天平日晷 등을 새로 만듦.

1437년 7월 23일　각 도 감사에게 명하여 『농사직설』 등을 활용해 농사짓는 법
　　　을 백성에게 권장하게 함.

1438년 1월 7일　대호군 장영실이 흠경각(천문 시계인 '옥루'를 설치한 곳)을
　　　　완성하고 천체를 관측함.

1439년 1월 13일　강화의 왜닥씨를 충청도 태안, 전라도 진도, 경상도 남해·하
　　　　동에 나누어 심게 하여 종이 원료의 생산을 확대함.

1439년 7월 3일　경상도 성주와 전라도 전주에 사고史庫(국가의 중요한 책을 보
　　　　관하는 곳)를 짓게 함.

1441년 3월 17일　거리 측정 장치가 붙은 기리고차記里鼓車를 만들어 사용함.

1441년 6월 28일　정인지에게『치평요람治平要覽』을 편찬하게 함.

1441년 8월 양수표(강이나 저수지 따위의 수위를 재기 위해 설치하는 눈금이 있
　　　　는 표지)를 세움.

1441년 8월 18일　측우기를 만들게 함.

1441년 9월 29일　이선, 박팽년, 이개 등이 명을 받아『명황계감明皇誡鑑』을 지
　　　　음.

1441년 10월 18일　『직해소학直解小學』200본을 인쇄하여 향교와 문신에게 나누
　　　　어 줌.

1442년 5월 8일　비의 양을 측정하는 제도를 마련함.

1442년 신개, 권제 등이『고려사』를 지음.『사륜전집絲綸全集』,『사륜요집絲綸要集』
　　　　을 편찬함.

1443년 4월 17일　세자에게 정치를 하게 함.

1443년 12월 (세종 25년, 47세)　훈민정음을 창제함.

1444년 2월 16일　집현전에 명하여『고금운회古今韻會』를 언문으로 풀어 쓰도록
　　　　함. 집현전 교리 최항, 부교리 박팽년, 부수찬 신숙주, 이선로, 이개, 돈령
　　　　부 주부 강희안 등에게 명하여 의사청議事廳에 나아가 언문으로『운회韻會』
　　　　를 번역하게 하고, 동궁東宮과 진양대군(훗날 수양대군) 유柔, 안평대군
　　　　용瑢으로 하여금 그 일을 관장하게 함.

1444년 2월 20일　집현전 부제학 최만리가 신석조, 김문, 정창손 등과 더불어
　　　　훈민정음에 반대하는 상소문을 올림.

1445년 1월 7일　신숙주, 성삼문, 손수산을 요동에 보내 운서韻書를 질문하여 오
　　　　게 함.

1445년 3월 30일　정인지 등이『치평요람』을 만듦. 이순지 등이『제가역상집諸家

曆象集』, 『칠정산내외편七政算內外編』 등을 편찬함.

1445년 4월 5일 권제, 정인지, 안지 등이 『용비어천가』 10권(시가 총 125장)을 지어 올림.

1445년 10월 27일 3년에 걸쳐 365권으로 편찬된 의학백과사전 『의방유취醫方類聚』가 완성됨.

1446년 12율의 기본음인 황종율黃鐘律을 낼 수 있는 정확한 황종관黃鐘管을 만들고, 그 길이를 기준으로 영조척營造尺(목수가 쓰던 자)을 만듦.

1446년 9월 상순에 『훈민정음(해례본)』이 완성, 반포됨.

1446년 10월 10일 임금이 대간臺諫의 죄를 일일이 들어 훈민정음으로 써서, 환관 김득상에게 명하여 의금부와 승정원에 보이게 함.

1446년 10월 11일 이계전과 어효첨에게 명하여 『고려사』를 고쳐 짓게 함.

1446년 11월 8일 언문청을 설치함.

1446년 12월 26일 이과吏科와 이전吏典 시험에 『훈민정음 해례본』을 시험 과목으로 정함.

1447년 4월 20일 관리 시험에 먼저 『훈민정음 해례본』을 시험하여, 합격한 자에게만 다른 시험을 보게 함.

1447년 6월 4일 〈용비어천가〉·〈여민락〉·〈취화평〉·〈취풍형〉 등의 음악을 잔치에 사용하게 함.

1447년 7월 『석보상절』·『월인천강지곡』을 완성함.

1447년 9월 신숙주 등이 『동국정운』·『사성통고』를 편찬함.

1447년 10월 16일 『용비어천가』 550본을 신하들에게 내려 줌.

1448년 3월 28일 김구에게 언문으로 사서를 번역하게 함.

1448년 7월 좌의정 하연 등을 빈청賓廳에 불러, 환관 김득상과 최읍으로 하여금 언문서諺文書 두어 장을 가지고 오게 한 뒤, 사신史臣을 물리치고 비밀히 의논함.

1448년 10월 17일 『동국정운』을 성균관·사부학당 및 각 도에 내려 줌.

1449년 1월 28일 『고려사』를 고쳐서 다시 짓도록 명함.

1449년 12월 11일 『석보상절』·『월인천강지곡』을 인쇄함. 세종 스스로 신악新樂(우리 식 음악)의 절주節奏(리듬)를 조정함.

1449년 12월 28일 신숙주 등이 바로잡은 운서를 정하기 위하여, 중국 사신이

입경入京한 뒤에는 신숙주, 성삼문 등으로 하여금 태평관太平館에 오가게 하고, 또 손수산, 임효선으로 하여금 통역을 하게 함.

1450년 윤 1월   직집현전直集賢殿 성삼문, 응교應敎 신숙주, 봉례랑奉禮郎 손수산에게 명하여 운서를 중국 사신에게 묻게 함.

1450년 2월 17일(양력 4월 8일, 세종 32년, 54세)   세종대왕이 여덟째 아들인 영응대군의 집 동별궁東別宮에서 세상을 뜸.

나의 고전 읽기 9
28자로 이룬 문자혁명 훈민정음

ⓒ 김슬옹 2007

2007년 7월 5일 초판 1쇄 발행
2021년 6월 4일 초판 15쇄 발행

글쓴이 김슬옹

펴낸이 김영진, 신광수 | **CS본부장** 강윤구 | **출판개발실장** 위귀영 | **출판사업실장** 백주현
디자인실장 손현지 | **개발기획실장** 김효정
아동콘텐츠개발팀 박재영, 서정희 | **출판디자인팀** 최진아, 김가민 | **저작권** 김마이, 이아람
기획자문 강철문, 김미경 | **그림** 신준식 | **컨셉 디자인** 안지미
채널영업팀 이용복, 이강원, 김선영, 우광일, 강신구, 이유리, 정재욱, 박세화, 전지현
출판영업팀 박충열, 민현기, 정재성, 정슬기, 허성배, 정유, 설유상
개발기획팀 이병욱, 황선득, 홍주희, 강주영, 이기준, 정은정
CS지원팀 강승훈, 봉대중, 이주연, 이형배, 이은비, 전효정, 이우성

펴낸곳 (주)미래엔 | **등록** 1950년 11월 1일 제16-67호
주소 서울시 서초구 신반포로 321 | **전화** 미래엔 고객센터 1800-8890 팩스 541-8243
홈페이지 주소 www.mirae-n.com

ISBN 978-89-378-4339-6 43710
　　　978-89-378-4141-5 set

김슬옹

철도고등학교 1학년 때 한글 연구의 슬기로운 옹골찬 옹달샘이 되고자 '슬옹'이란 이름으로 개명했다. 연세대 국문과에서 한글문화사 연구로 학사 학위, 같은 학교에서 현대 문법 연구로 석사 학위와 박사 과정을 마쳤으며, 상명대학교에서 훈민정음 연구로 문학박사 학위를, 동국대학교에서 맥락 연구로 국어교육학 박사 학위를 받았다.

문광부 국어심의위원, 한글박물관 자문위원, 세종시 지명자문위원, 한글날 공휴일 지정 자문위원 등을 지냈다. 한글문화운동과 시각 장애인 소리책 제작 봉사로 연세봉사상을 받았다. 한글 발전 공로로 문화체육관광부 장관상을 수상하였으며 현재 인하대학교 초빙 교수, 한글학회 연구위원, 한글문화연대 운영위원, 세종대왕기념사업회 전문위원으로 일하고 있다.

'동아리'라는 말을 최초로 보급하였으며 주요 논저로는 〈세종과 소쉬르의 통합언어학적 비교 연구〉를 비롯한 논문 110여 편과 《세종대왕과 훈민정음학》 등 22권의 저서, 《나만 모르는 우리말》 등 29권의 공저가 있다.

신준식(그림)

경상북도에서 태어나 서울대학교 회화과와 홍익대학교 동양화과에서 수학하였다. 현재, 작업실 '일상'에서 작품 제작을 하며 온라인 문화커뮤니티 gallerykorea.net와 luxvillage.com을 운영하고 있다.

『가을밤의 춤』, 『지금 우리가 누리는 자유 통치론』, 『삶으로서의 철학 소크라테스의 변론』에 그림을 그렸다.